先史時代物語

世界遺産をたどって

土谷 精作

エコハ出版

はじめに

日本の縄文遺跡が世界遺産に登録されることになりました。北海道や北東北三県の関係者から喜びの声が聞こえてきます。三年前、『縄文の世界はおもしろい』を書いた私も素直に喜んでいます。しかし、世界遺産になったと喜んでいるだけでよいのだろうか。縄文遺跡群が世界遺産に登録されることの意味をよく考えなければならないと思います。

日本の縄文遺跡が本当に世界文化遺産に値するのか。こう問われたとき、理由をきちんと説明できるだろうか。ラスコーやアルタミラの洞窟壁画など、教科書でみた先史時代の遺跡と較べて見劣りするといわれたら、どう反論したらよいだろうか。私は人類史のなかに日本の縄文遺跡群をおいて、世界遺産としての意味を考えてみようと考えました。

三内丸山遺跡など日本列島で縄文文化が栄えた四〜五〇〇〇年前、メソポタミア、エジプト、インド、中国では古代文明が誕生し、壮大な神殿や城壁を備えた都市文明が出現しました。古代都市文明の誕生が人類史のうえで決定的な意味をもっていることはだれも否定できません。間違いなく人類の文化遺産でしょう。

日本の縄文遺跡には壮大な神殿や城壁はありません。それでも人類の歴史のうえで後世に残すべき文化的価値がある。このことを理解してもらうため、縄文文化の特質はなにか、人類史のなかで縄文文化をどう位置づけるのか、世界の人々に納得してもらえるわかりやすい説明が必要です。

日本政府は二〇二〇年一月、北海道・北東北の縄文遺跡群を世界文化遺産に推薦する手続きを行いました。ユネスコの諮問機関であるイコモス（ICOMOS）から、世界遺産にふさわしいという報告があり、二〇二一年夏には正式に世界遺産への登録が実現するでしょう。


縄文遺跡が世界遺産に加えられるとすれば、そのキーワードは「自然と共生した文化の独創性と継続性」ということではないかと思います。

人類の長い歴史のなかで、人類はそれぞれの環境に適合した生活様式や精神文化を生み出してきました。メソポタミア、エジプト、中国などの大河のほとりに誕生した古代文明は壮大な都市の遺構や記念物などを残しています。一方、南北のアメリカ大陸やアフリカ、オセアニアにも独自の文化・文明が生まれました。

そのなかで温暖な風土に恵まれた日本列島の人々は、自然と共存する縄文文化を残してきました。一万年にわたって続いた縄文文化の特質が、現代の日本文化のなかにも生きていることは特筆すべきことでしょう。ユーラシア大陸の東端に位置する地理的条件が、縄文文化の独創性と継続性を育てるうえで大きく作用したといえるでしょう。日本列島の縄文遺跡は、人類文化の共通性と多様性の証しでもある、と評価されたのではないかと思います。

人類文化の多様性と共通性を正面から論じるには、人類史についての広く、深い知識とともに、文化や文明についての透徹した見識が問われます。それはレヴィ＝ストロースのような碩学にお任せするしかありません。私は老後の楽しみとして、歴史の世界に遊んでいるだけですから、その資格はありません。それでも人類文化の多様性に少しはふれてみたい。ジャーナリスト時代に身についたこんな野次馬精神から、先史時代の世界遺産を調べてみようと思い立ちました。

関係の資料を読み漁ってみますと、世界遺産に登録された先史時代の遺跡は、世界のいたるところにあります。初期人類の化石が見つかった遺跡をはじめ、氷河時代の洞窟壁画、世界各地に残された先史時代の岩絵群、さらに農耕や牧畜の起源を伝える遺跡やさまざまな形態の集落、そして巨石で作ったモニュメントなど、先史時代の世界遺産が多いことに驚かされました。

そこで先史時代の遺跡のリストを作り、分類して解説をつける作業を続けるうち、人類の歩みを世界遺産でたどる物語の形ができてきました。タイトルを『先史時代物語　世界遺産をたどって』としたのは、先史時代の遺跡を訪ねる旅の案内書にしていただけたら、という程度の気分です。

この原稿の執筆をはじめたころ、中国の武漢で新型コロナウィルスの感染症が拡がっているというニュースが流れてきました。やがて日本でも新型コロナウィルスによる緊急事態宣言が出され、図書館は閉鎖、資料集めの外出もできなくなりました。そこで頼ったのはインターネットで検索したさまざまな資料です。

日本ユネスコ協会連盟のリストや「シンクタンクせとうち総合研究機構」が発行した『世界遺産事典』や『世界遺産データブック』をもとに、ネット上のデータを検索しました。大学など研究機関の論文もありましたが、世界遺産の旅を紹介する大手旅行社の案内資料は現地を訪れた資料が多く、参考になりました。世界遺産の写真もネット上の資料から選択しました。ジャーナリストは現場をみてものを書くのが鉄則ですが、今回、紹介する世界遺産の現地は、ほとんどすべて訪れていないことをお断りしておきます。

お断りをもうひとつ。世界遺産の名称は通常、ユネスコのリストに記載されている英文の翻訳名が用いられます。翻訳者によって名称がまちまちなので、どの名称を使うか迷いましたが、『世界遺産事典 2020改訂版』と日本ユネスコ協会連盟のリストをもとに、一部は私なりの判断で簡略化または補充した名称で記載したことをお断りしておきます。

【追記】二〇二一年五月二六日、北海道・北東北の縄文遺跡群が世界文化遺産に登録される見通しになったというニュースが流れました。ユネスコの諮問機関であるイコモス（ICOMOS）から世界文化遺産への登録を勧告する報告があったことを伝えるもので、その後、七月二七日に開催されたユネスコの世界遺産委員会で正式に決定されました。大変に喜ばしいニュースですが、これまでに書いてきた内容を変更する必要はありませんので、そのままの原稿で出版することにしました。

（二〇二一年八月一日）

目　次

3　岐路に立つ人類

【付表】先史時代の世界遺産リスト

第Ⅰ章　人類の誕生と氷河期の芸術

1 人類の誕生　～猿人から原人・旧人への歩み～

人類が誕生したのはどこか。また、いつのことか。アフリカ大陸にそれを示す四つの世界遺産があります。

アフリカ大陸の東部、エチオピアからタンザニアにかけての高原地帯には、南北に走る長い地球の裂け目、地質学のことばで大地溝帯が走っています。この大地溝帯は地球のマントルの上昇流によって形成されたもので、アフリカ大陸を東西に分裂させるような地殻変動は一〇〇〇万年前から今も続いています。

こうして形成された大地溝帯の崖には、古い時代の遺物を含んだ地層がたくさん残されていて、人類の誕生を物語る猿人の化石が見つかっています。猿人の誕生は少なくとも四〇〇万年以上前、最新の学説では七〇〇万年前に遡るといいますが、こうした猿人の化石が発見された場所が人類の誕生を示す証拠として世界遺産になっています。

猿人といわれる人類の祖先は一八〇～二〇〇万年前のころ原人に進化し、やがてアフリカ大陸を出て、その一部は東南アジアや中国大陸に拡がっていきました。アジアには原人がいたことを示す世界遺産があります。以下、人類の進化の歩みを追って、関係する世界遺産をみることにしましょう。世界遺産の名称に付した番号は巻末の一覧表に対応しています。また★印は自然遺産と文化遺産の複合遺産であることを示します。

ルーシーの標本

（1）アワッシュ川下流域（エチオピア）

この地で三二〇万年前のアファール猿人（アウストラロピテクス・アファレンシス）の化石人骨（全身の40％分）が発掘され、骨の構造から直立二足歩行をしていたことが判りました。この化石人骨の愛称は有名な「ルーシー」です。人類の誕生と進化を示す貴重な証拠とされています。

アワッシュ川の中流域では、その後、「ルーシー」よりも古い四四〇万年前のラミダス猿人の化石人骨が発見されています。この化石の愛称は「アルディ」で、エチオピアは「人類発祥の地」といわれています。

アフリカ大陸の中部、チャド共和国で発見された古い猿人（サヘラントロプス・

チャデンシス）の頭蓋骨は年代測定で六八〇～七〇〇万年前とされ、「最古の人類」とする見方もありますが、発見されたのは頭蓋骨だけなので、人と猿がいつ枝分れしたか、この問題は解決されたとはまだいえないでしょう。

（2）オモ川下流域（エチオピア）

同じエチオピアでは、ケニアと南スーダンに近いオモ川の下流域にある渓谷から、多くの化石人骨が発見されています。四〇〇万年前の地層からは猿人の下顎の骨がみつかり、二五〇万年前の地層からは、原人につながるホモ・ハビルス（＝能力あるヒト）の化石人骨が見つかっています。

ホモ・ハビルスが使用したと考えられる原始的な石斧がみつかっていて、最古の打製石器（二五〇万年前）といわれています。この地も古人類学の研究の宝庫で、人類の進化を知るうえできわめて重要な地域です。

（3）ンゴロンゴロ保全地域（タンザニア）★

アフリカ東部のタンザニアにあるンゴロンゴロ山。この火山の火口原に広がる大草原は、ライオンやカバなど多様な動物が生息し、自然遺産として保護されています。

この火口原にあるオルドヴァイ渓谷からは、人類の進化を示す多くの化石人骨が発見され、一八〇万年前に遡る原始的な石器も発掘されています。また、この火口原にあるラエトリ遺跡からは、三六〇万年前に噴火した火山灰の地面に、猿人の親子が残した二足歩行の足跡が発見されました。

ラファール猿人の足跡

ゴリラなどの類人猿は二足で歩行できますが、常時、二足歩行するわけではありません。掌を地面につけて歩くのが普通です。直立二足歩行は人間とサルを分ける重要な要素であり、二足歩行の証拠が見つかったことは大変なことだといえるでしょう。その意味で、この遺跡は人類の進化を示す貴重な文化遺産と評価され、自然遺産とともに複合世界遺産に登録されています。

（4）南アフリカの人類化石遺跡群（南アフリカ）

ヨハネスブルグ郊外の渓谷にある多数の洞窟で、二六〇〜三二〇万年前の猿人の化石人骨をはじめ初期人類の多数の化石人骨が発掘されました。また、一〇〇万年前の地層から、焦げ跡のある獣骨が多数発掘され、人類が火を使った最古の痕跡といわれます。

人類の進化の大きな流れは、猿人（アウストラロピテクス）→原人（ホモ・エレクトス）→旧人（ネアンデルタール人など）→新人（ホモ・サピエンス）と考えられています。

アフリカで誕生した人類は、直立原人（ホモ・エレクトス）の段階になったあと、アフリカ大陸を出てアジアに向かい、マレーシア、インドネシア、中国などアジア各地で繁栄しました。ジャワ原人が登場したのは一三〇〜一五〇万年前のことです。以下、アジアやヨーロッパで発見された原人の世界遺産遺跡をみてみましょう。

（5）レンコン渓谷の考古遺跡（マレーシア）

マレー半島北部の緑豊かなレンゴン渓谷にある旧石器時代の遺跡。ここでは一八〇万年前にさかのぼる初期人類の化石人骨が発見されました。アフリカ大陸以外で最も古い人類の遺跡とされています。ほぼ完全な形で発掘された一〇〇万年前の化石人骨（ホモ・エレクトス）は「ペラ・マン」という愛称がつけられました。

ここでは、旧石器時代の遺跡がある渓谷から新石器時代や金属器時代の遺跡も発見されており、人類が同じ場所に二〇〇万年近く住み続けたことを示す貴重な遺跡群といいます。

（6）サンギラン初期人類遺跡（インドネシア）

初期人類の化石が発見されたこの遺跡はインドネシア・ジャワ島の中部を流れるソロ川の中流域にあります。ここで一八九四年に見つかった化石は当初、「直立歩行できる猿人」という意味で、ピテカントロプス・エレクトスとよばれていました。この学名に懐かしさを感じる人は少なくないでしょう。

その後の調査研究によって、この化石人類は猿人より進化した原人の段階にあることが判り、「直立するヒト」を意味するホモ・エレクトスの一つの亜種に位置づけられました。ジャワ原人が出現した年代は一三〇〜一五〇万年前とされていますが、ジャワ原人は絶滅してしまい、現生人類とはつながっていません。

（7）周口店の北京原人遺跡（中華人民共和国）

一九二一年にスウェーデンの地質学者が、北京郊外の周口店村にある石灰岩の洞穴から、人類のものと思われる歯の化石を発見しました。その後、中国の考古学者裴文中《はいぶんちゅう》によって、完全な形の頭蓋骨が発見（一九二九年）され、握斧（ハンドアックス）などの打製石器やシカの角などの骨角器、さらに火を使用した痕跡も見つかっています。

周口店で発見された化石人類の年代は、五〇万年前とされていましたが、最近の研究によりますと、年代は六五～七八万年前に遡るということです。直立歩行をしていた北京原人（ホモ・エレクトス・ペキネンシス）は集団で採集や狩猟を行い、洞穴で火を使用していたと考えられています。いつのことか不明ですが、北京原人も絶滅してしまい、現在の中国人とはつながっていません。

日中戦争が激しくなったため、北京原人の化石はアメリカに運ばれることになりましたが、移送する途中に行方不明になってしまったという事件がありました。幸い化石のレプリカがあったので、北京原人の研究はレプリカで行われてきましたが、紛失の経緯は謎のままになっています

（8）アタプエルカの考古学遺跡（スペイン）　スペイン北部の石灰岩台地に広がる洞窟遺跡群から、多数の化石人骨が発見されました。そのなかの一つ、グラン・ドリナ洞窟からは八〇万年前の原人の化石（ホモ・アンテセソール）が発見され、近くのマヨール洞窟からは、

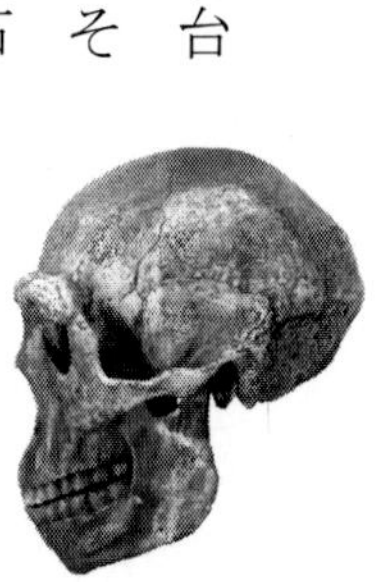

北京原人の頭骨（レプリカ）

ドイツで発見されたハイデルベルグ人とよばれる原人の化石人骨が大量に発掘されています。ハイデルベルグ人は北京原人などと同じ時代の原人ですが、大柄で脳の容量は大きく、かなり進化した段階にあったと考えられています。

この遺跡では、獣骨の細かい化石とともに、噛みくだかれた痕跡のある幼児の骨などが発見されており、「食人」の痕跡ではないかといわれています。

（9）ゴーハムの洞窟遺跡群（英国領ジブラルタル）

ジブラルタル海峡に面した石灰岩の断崖に、一二万年以上前からネアンデルタール人が生活していた洞窟遺跡群があります。ここからは槍の先端などの旧石器をはじめ、炭化したマツの実やたき火の跡などが発見されました。海から食料資源を得ていた痕跡もあります。また洞窟に描かれた抽象的な壁画も残されており、ネアンデルタール人の文化的伝統、ひいては彼らの精神文化を示す貴重な材料になっています。

ネアンデルタール人は最初にドイツで発見された化石人類で、ヨーロッパから西南アジアにかけて拡がっていました。直立原人よ

ネアンデルタール人の洞窟遺跡

りはるかに進化した旧人類で、脳の容量は現生人類と同じか、あるいはより大きく、身体も大きかったとされています。人類学の上では四〇万年前に出現した現生人類の亜種とされ、ヨーロッパに拡がって氷河時代を生き抜いてきましたが、氷河時代が終わる前に絶滅したといいます。

この旧人類の段階からさらに進化した現生人類がヨーロッパに出現するのは四万年前とされています。クロマニョン人とよばれる人々で、氷河時代のヨーロッパに数々の洞窟壁画を残しています。

(10) カルメル山の人類進化の洞窟遺跡群(イスラエル)

イスラエル北部のカルメル山に、五〇万年前からの人類進化の歩みを示す遺跡があります。ナハル・メアロットという渓谷にある四つの洞窟遺跡で、このうちタブーン洞窟では堆積したいくつもの地層から、更新世のいろいろな時代の人類が使った旧石器が見つかっています。

もっとも古い地層から見つかったのは、五〇万年前とみられる石灰岩の握斧(ハンドアックス)や火打石(フリント)などの旧石器で、温暖な海岸平野に生息していたガゼルやカバなどの狩りをしていたと考えられています。この洞窟からはネアンデルタール人の女性の全身骨格と男性の顎の骨が、ムスティエ文化期（二〇万年前～四・五万年前）の大量の石器とともに発見されました。この全身骨格は一一万年前のネアンデルタール人と判定されています。

一方、少し離れた場所にあるサブーン洞窟からはムスティエ文化の旧石器一万点とともに、初期の現生人類（ホモ・サピエンス）とみられる一〇体の人骨が発見されました。このうち成人男性の全身骨格はイノシシの骨を抱くような形で発見されていて、イノシシを副葬品として埋葬されたとみられています。これらの人骨は一〇万年前のものと考えられています。ネアンデルタール人と初期のホモ・サピエンスが、ほぼ同じ時代に同じ地域で暮らしていたことになりますが、両者が接触していたかどうかは判らないということです。

カルメル山のほかの二つの洞窟からは、時代がずっと下って農耕や牧畜がはじまるころの痕跡が見つかっています。この洞窟群は人類五〇万年の歩みを伝える貴重な世界遺産といえるでしょう。

【人類の進化についての二つの学説】

人類の誕生とその後の進化の歩みを示す世界遺産を紹介してきましたが、人類の進化に関する二つの学説にふれておきましょう。

かつての学説では、人類はそれぞれの地域で原人から旧人、そして新人（現生人類）へと進化してきたと考えられていました。たとえば、北京原人が山頂洞《さんちょうどう》人（クロマニョン人と同時期の現生人類）を経て中国人に進化し、旧人のネアンデルタール人がクロマニョン人を経てヨーロッパ人になったというような学説です。これを人類の起源に関する**「多地域起源説」**といいます。

しかし、近年の遺伝子研究の発展によってこの学説は否定され、今では、現生人類はすべてアフリカにいた人類の共通の祖先から、地球全域に拡がったという学説が定説になっています。この学説を**「アフリカ単一起源説」**といいます。

この学説によりますと、アフリカにいた人類共通の祖先は二〇万年前に出現し、その一部は七～

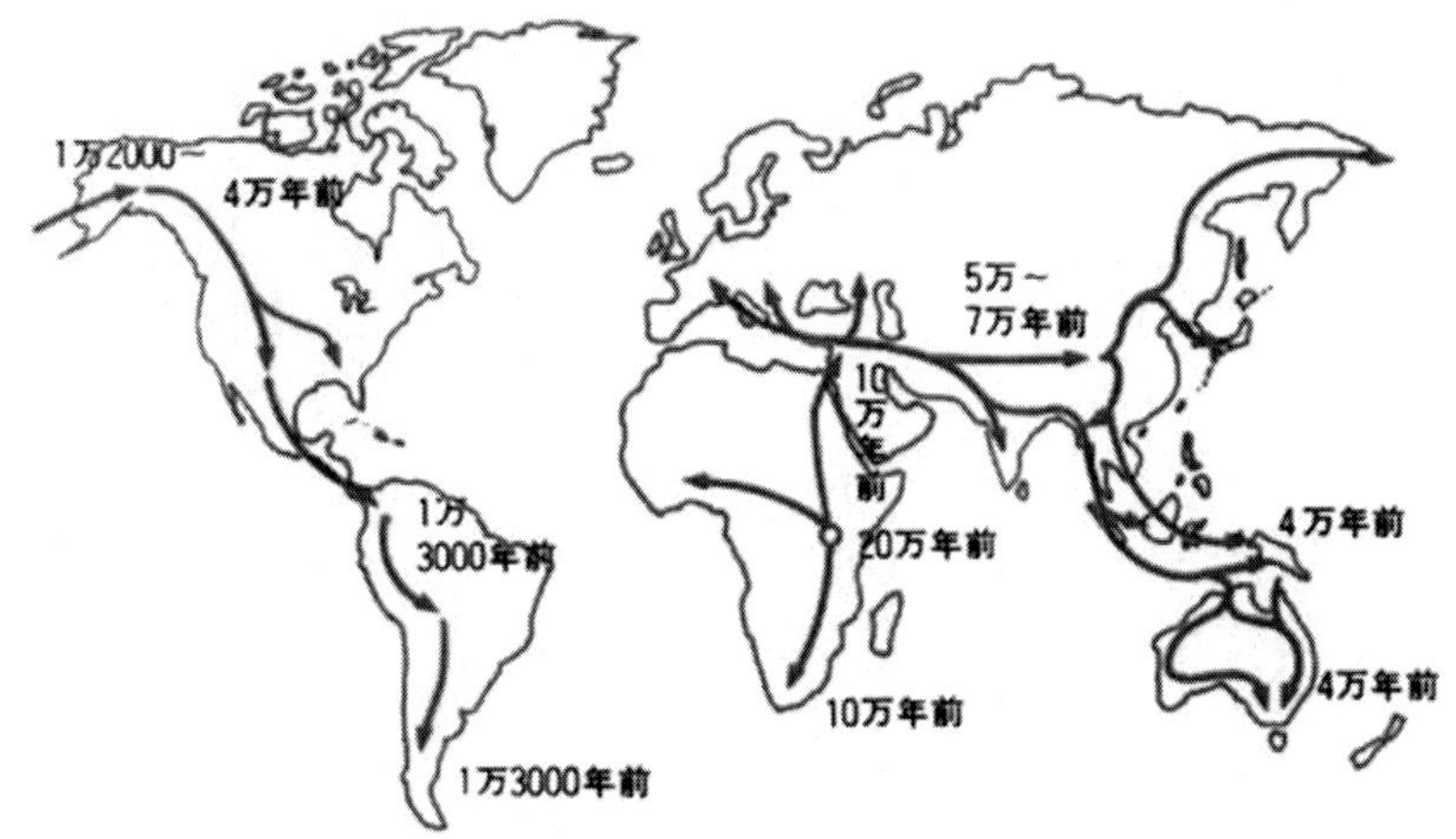

現生人類が地球に拡がったルート（環境白書）

一〇万年前にアフリカを出て、西南アジアに向かいました。そこでコーカソイド系とモンゴロイド系が分岐し、コーカソイド系のグループは西南アジアからヨーロッパや中央アジア方面に拡がったとみます。現在、中東方面や北アフリカにいる人々もコーカソイド系に含まれると考えます。

分岐したモンゴロイド系の一つのグループはインドを経て東南アジア方面に向かいました。もう一つのグループはユーラシア大陸の中央山岳地帯の北を通って東に向かい、中国大陸など東アジアに拡がりました。南に向かったグループを古モンゴロイドといい、さらに海を渡ってオーストラリアやオセアニアの島々に拡がったグループをオーストラロイドといいます。

一方、東アジアに拡がったモンゴロイドの一部は氷河期のベーリング海峡を渡って南北アメリカ大陸に拡がりました。このグループをネイティブ・アメリカンあるいはアメリンドとよんで、モンゴロイドとは別のグループに分類されることもあります。アフリカ大陸にとどまったグループからはネグロイドのいくつかのグループが生まれました。近年、遺伝子情報の分析が進み、人種の系統樹なども発表されていますが、わずらわしくなりますので説明は省略します。

2 氷河時代の洞窟絵画 ～四万年前の祈りと美意識～

まず、氷河時代そのものの説明をしておきましょう。

地質学で更新世とよばれる時代は二五〇万年前にはじまり、およそ一万五〇〇〇年前に終りました。この更新世の間、地球は寒くなって氷河が発達する氷河期と温かくなって氷河が解ける間氷期が繰り返し現れました。高山や北極圏、南極大陸などにある氷河、氷床のボーリング調査を行い、採取した氷柱の成分を分析することによって、氷河期と間氷期の変遷を知ることができます。更新世後半の五〇万年の間に氷河期と間氷期がどのように変動してきたか、表にしておきます。

年代（千年前）	氷期の名称	間氷期
0～ 15		現在は「後氷期」
15～ 70	ヴュルム氷期	
70～130		ヴュルム～リス間
130～180	リス氷期	
180～230		リス～ミンデル間
230～300	ミンデル氷期	
300～330		ミンデル～ギュンツ間
330～470	ギュンツ氷期	

【最終氷期の地球環境】 この表のヴュルム氷期は最終氷期とよばれています。最終氷期は七万年前にはじまり、一万五〇〇〇年前に終末期を迎えましたが、氷期が過ぎた一万二〇〇〇年前からの時代を地質学では完新世とよんでいます。現在の地球は間氷期であり、いずれ何万年かあとに氷河時代が訪れることになるでしょう。

最終氷期のユーラシア大陸では、ヒマラヤやチベット高原で氷河が発達し、シベリア地方の中央部には巨大な湖が形成されていました。オビ川やエニセイ川などの大河が氷でせき止められて湖が現れたのです。北アメリカではカナダ全域が氷に覆われ、南アメリカもパタゴニアからチリの南部まで氷の世界でした。熱帯地方であるアフリカやニューギニアの高地にも氷河が生まれていました。

その一方、現在温暖な地域は非常に乾燥していて、アフリカのサハリ砂漠をはじめ、北アメリカやオーストラリアなどでも砂漠が大きく広がっていました。また東南アジアや南アメリカの熱帯雨林は縮小し、中国大陸の南部も森林がまばらになっていました。中国大陸は北部でも氷河に覆われることはありませんでしたが、ツンドラや寒冷な大草原が今よりずっと南の方まで広がっていました。

氷河時代の気象変動がもたらした地球環境の大きな変化は海面の低下です。海水が蒸発して氷河や氷床になったため海水の量が減り、最も寒い時期には世界中の海面が現在より一二〇〜一四〇メートルは低かったのです。このため浅い海は陸地になり、マレー半島からインドネシア諸島にかけての南シナ海一帯は「スンダランド」とよばれる陸地になっていました。

この最終氷期のなかで最も寒かった時期は今から二万一〇〇〇年前でした。この時代、ヨーロッパ大陸は北部全域が巨大な氷床に覆われ、西ヨーロッパではライン川の河口付近まで氷の世界でした。このため、ヨーロッパに進出した現生人類のクロマニョン人は主にヨーロッパの南部で暮らしていました。彼らが洞窟に描いた壁画がフランスやスペインで発見されています。それでは世界遺産の洞窟壁画をみることにします。

(11) シュヴァーベン・ジュラにある洞窟群と氷河期芸術(ドイツ)

南ドイツのシュヴァーベン・ジュラ山脈にある六つの洞窟から、氷河時代の人類が使用した握斧や尖頭器などの旧石器が大量に発見されています。この洞窟群は四万三〇〇〇年前から一万年にわたって最終氷期の人類が利用していたもので、ヨーロ

象牙製の
ヴィーナス像

ッパに進出したクロマニョン人が生活の場としていたと考えられています。

この洞窟群からはマンモスの牙を加工した小さな女性の人形（ヴィーナス像）をはじめ、半人半獣像や獅子の頭をした人間の小立像（通称ライオンマン）などが見つかっています。また、ハゲワシの骨で作ったフルートなども見つかっていて、ヨーロッパ最古の芸術作品です。これらは人類の芸術活動の起源を知る重要な証拠であるといえるでしょう。

（12）ポン・ダルクの装飾洞窟（フランス）

南フランスの南部、アルデシュ県の石灰岩台地を流れるアルデシュ川。ここに川の水が大地を穿ってできた天然の橋があり、観光名所になっています。この近くで一九九四年、三人の洞穴学者によって多くの壁画を描いた洞窟が発見されました。発見者の名をとって、ショーヴェ・ポンダルク洞窟とよばれています。

この壁画にはヨーロッパでは絶滅した野生のウシ、ウマ、サイ、ライオンなど一三種類の動物が描かれていて、ハイエナの壁画もあります。

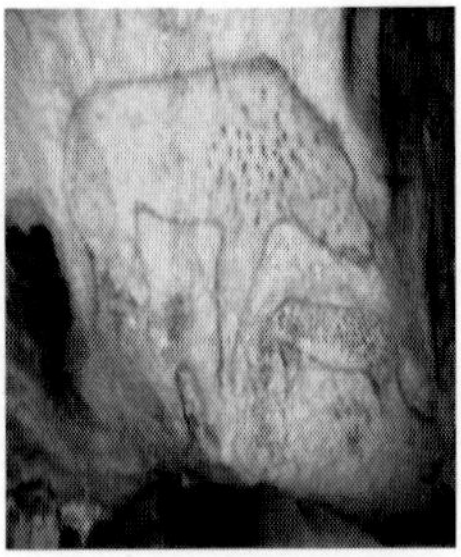
ハイエナの洞窟壁画

これらの洞窟壁画は三万二〇〇〇年前から三万年前の旧石器時代に描かれたもので、世界最古級の洞窟壁画とされています。この遺跡を残したのはクロマニョン人で、その文化的伝統はラスコーの洞窟壁画などに引き継がれています。考古学で、この文化はオーリニャック文化とよばれています。

(13) ヴェゼール渓谷の先史時代遺跡群と洞窟壁画群（フランス）

ラスコーの洞窟壁画で有名な世界遺産です。フランス南西部のヴェゼール渓谷一帯には、三万年前から一万年前にかけての先史時代の遺跡が散在し、そのうち一五の洞窟が世界遺産に登録されています。なかでも一九四〇年に発見されたラスコー洞窟の壁面や天井には、ウシ、ウマ、シカなどの動物の彩色画が描かれていて、先史時代の人々の高い芸術的能力を示しています。

この遺跡群のひとつ、クロマニョン岩陰遺跡からは一八六八年に五体の人骨化石が発見されました。このクロマニョン人はその後の研究によって、ヨーロッパなどの現生人類につながるコーカソイド（白色人種）の祖先と考えられています。

ラスコーの洞窟壁画はクロマニョン人が描いたものであり、彼

ラスコーの洞窟壁画

らは死者を丁重に埋葬し、呪術を行うなど進んだ文化をもっていました。しかし、狩猟採集生活をしていた彼らは、氷河時代終末期の気象変動によって、マンモスなどの大型獣が姿を消すと食料を失い、滅亡したと考えられています。

(14) アルタミラ洞窟とスペイン北部の旧石器時代の洞窟芸術(スペイン)

有名なアルタミラ洞窟の壁画は一八七九年に、この地の領主であった侯爵親子(五歳の娘)によって偶然に発見されました。当時は旧石器時代の人類がこのように見事な壁画を描いたとは信じられず、侯爵のねつ造ではないかと疑われていましたが、その後、いくつかの洞窟壁画が発見され、氷河時代の人類が残したものであることが認められました。

入り口は狭いアルタミラ洞窟ですが、洞窟の全長は二七〇メートル、奥には高さ一二メートルの広い空間があって、呪術的儀式の場であったと考えられています。彩色で写実的に描かれた洞窟壁画はバイソン、イノシシ、ウマなど狩りの対象になった動物で、狩人の祈りを示すものと考えられています。

アルタミラの洞窟壁画

この壁画は一万八〇〇〇年前から一万三〇〇〇年前にかけて氷河時代末期のク

ロマニョン人が描いたものですが、スペインの北部では旧石器時代の洞窟壁画が多数、発見されていて、アルタミラ洞窟壁画のほか一七の洞窟壁画が世界遺産に加えられています。

（15）コア渓谷とシエガ・ベルデの先史時代の岩絵群（ポルトガルとスペイン）

ポルトガルの北東部にあるコア渓谷沿いに、旧石器時代の人々が岩に線刻画の技法で描いた岩絵（ロックアート）が点在しています。岩絵の大きさは大小さまざま（一五～一八〇センチ）で、野生のウマやウシ、ヤギなどの動物のほか抽象的な図像も描かれています。この岩絵群は二万年前から一万年前、つまりアルタミラ洞窟壁画とほぼ同じ時期のもので、氷河時代が最も寒かった時期にあたります。

この岩絵群が発見されたとき、コア渓谷にダムを作る計画が進められていました。岩絵群は水没の運命にありましたが、保存を求める国際的な議論がおこり、ダム建設は中止されて世界遺産に登録されました。その後、隣接するスペインのシエガ・ベルデ岩絵群も世界遺産に追加されています。

【先史時代からのメッセージ】

狩人であった彼らクロマニョン人はおそらく獲物に恵まれることを祈って、狩りの対象である動物を描いたのでしょう。あるいは狩りの対象になった動物たちに霊魂の存在を認め、動物たちの霊に感謝の祈りを捧げたのかもしれません。壁画を描いた洞窟は彼らが祈りをささげる神聖な場であったと思います。

洞窟壁画のなかにはサイやハイエナなど、現在のヨーロッパで見ることのできない動物が描かれています。氷河時代といっても、その間に寒冷期と温暖期の変動はありましたから、温暖期にはこうした動物がヨーロッパの南部に生息していたのでしょう。

それにしても、四万年前の人類がマンモスの牙を加工して人形をつくり、ハゲワシの骨で作ったフルートを吹いていたとは驚きでした。人類の知的能力は旧石器の時代からすでにかなりの水準に進化していたと考えた方がよいのかもしれません。

【コラム①　インドネシアの洞窟壁画】

二〇二一年のはじめ、インドネシアのスラウェシ島で世界最古級の洞窟壁画が発見されたというニュースが流れました。アメリカで発行されている学術雑誌「サイエンス・アドバンシス」誌に掲載されたもので、日本の大手新聞社もこのニュースを伝えました。

ニュースの内容は、スラウェシ島（セレベス島）の南部にある洞窟で複数のブタを描いた壁画が発見され、年代測定の結果、四万五五〇〇年前という結果が出たというものです。壁画はまるまると太った赤いブタが他の二頭の争いを見ている構図で、大きなブタのそばには人間の掌が二つ描かれています。論文を書いたオーストラリア・グリフィス大学の考古学者アダム・ブラム氏は「狩りの成功を記念して描いた」と推測しています。

フランスのショーヴェ・ポンダルク遺跡で発見された洞窟壁画は三万二〇〇〇年前ということですから、世界最古級の洞窟壁画になります。この壁画を残したのは誰か、気になるところです。人類は四～五万年前の氷河時代、東南アジアからオーストラリア大陸に渡ったといわれます。この人々が洞窟壁画を残したとすると、人類はヨーロッパだけでなく、ずいぶん昔から創造的能力をもっていたことになります。なお、日本列島では旧石器時代の洞窟壁画は見つかっていません。

第Ⅱ章　狩人たちの岩絵　～地球に拡がった人類～

ユネスコの世界遺産は二〇一九年現在で一一二一件です。内訳は文化遺産が八六九件、自然遺産が二一三件、文化遺産と自然遺産を兼ねた複合遺産が三九件で、文化遺産の総数は複合遺産のものを加えると九〇八件になります。このうち先史時代の世界遺産はどのぐらいあるでしょうか。

そこでユネスコ・世界遺産センターのリストから、先史時代と思われるものを拾い出してみました。第Ⅰ章では、人類の進化の歩みを示す遺跡一〇件と氷河時代の洞窟壁画五件あわせて一五件の世界遺産を紹介しましたが、これを含め先史時代の世界遺産は七〇件あまりにのぼっています。どちらかというと地味で、あまり知られていないものが多いのですが、世界のどの大陸にも人類の歩みを伝える遺跡があり、先史時代の世界遺産は思ったより多いと感じました。

第Ⅱ章では、世界各地の岩山などに残された先史時代の岩絵や線刻画、いわゆるロック・アートの世界遺産二六件を地域別に紹介します。岩絵にみられるモチーフを通して、人類の文化の共通性と多様性を確認してみたいと思います。

1　地中海世界とその周辺

先史時代の人類は長い間、狩猟によって食料を得ていました。人類が農耕や牧畜で食料を得るようになったのはせいぜい一万年前です。四〇〇万年前に誕生した人類の歴史の九九・八パーセント以上は狩猟採集の時代でした。世界各地に洞窟や岩壁に描かれた絵画が数多く残されていますが、その多くは狩猟対象の動物や狩猟の様子を描いています。

まず、地中海世界とその周辺の岩絵をとりあげます。

(16)　イベリア半島の地中海沿岸の岩壁画（スペイン）

スペインの東部、地中海に面した山岳地帯で七〇〇カ所以上の岩絵群が見つかっています。洞窟のなかに描かれたものもありますが、その多くは山岳地帯の岩壁に描かれたもので、先史時代の狩りの様子が赤や黒などの彩色で描かれています。岩絵が描かれた時期は、氷河時代が終わって気候が温暖になった一万年前からの中石器時代で、狩りの対象になる動物だけでなく、当時の人々の生活の様子も生き生き

獲物を前にしたダンスの岩絵

と描かれています。

イベリア半島の北西部にあるアルタミラ洞窟の壁画やコア渓谷とシェガ・ベルデの岩絵群が世界遺産になっていますが、旧石器時代に地中海地方に生まれた文化的伝統が中石器時代にも受け継がれていたのでしょうか。

（17）ヴァルカモニカの岩絵群（イタリア）

イタリアの北部、アルプスの南山麓を流れるオーリオ川沿いに七〇キロ続くカモニカ渓谷。そこに十数万点にのぼる岩絵があります。渓谷の岸壁に刻まれた線刻画で、古いものは一万年前に彫られたと推定されています。その後、新石器時代を経て青銅器時代まで、八〇〇〇年にわたって描き続けられてきました。

画題は時代によっていろいろで、弓を構える狩猟の絵をはじめ農耕の絵や楯を手に武器を振り上げている戦闘場面の絵もあります。先史時代の生活がうかがえるといえるでしょう。世界遺産が多いイタリアで、ヴァルカモニカの岩絵群は最初に世界遺産に登録された遺跡でした。

弓を構える狩人の線刻画

(18) タドラット・アカクスの岩絵遺跡群(リビア)

先史時代の岩絵群は地中海の南側、アフリカ大陸のリビアとアルジェリアでも見つかっています。

このうちタドラット・アカクスの岩絵群はリビアの南西、アルジェリアとの国境に近いサハラ砂漠のほぼ中央部で発見されました。岩絵にはゾウ、キリン、水牛、ウマ、レイヨウなどサバンナで見られる大型の動物が彩色画や線刻画で描かれており、古いものは一万年前に遡るといいます。

この一帯は砂丘や峡谷が連なる砂漠地帯で、ゾウやキリンが生息していたとはとても思えない景観ですが、この岩絵群が描かれた時代には緑の大地が広がっていたのでしょう。

キリンが描かれた岩絵

(19) タッシリ・ナジェール(アルジェリア)★

この世界遺産はタドラット・アカクスの岩絵群から西へ三〇〇キロほど離れたサハラ砂漠の奥地にあります。水を含みやすい砂岩の台地が侵食された複雑な地形で、侵食作用でできた天然のアーチがあちこちにみられます。サハラ砂漠特有の糸杉の群生地もあり、先史時代の岩絵群とともに複合遺産として登録されています。

ここには二万点近い新石器時代の岩壁画が残っていて、サハラ原始美術の宝庫といわれています。キリン、ライオン、サイ、ゾウなどのサバンナの動物をはじめ狩猟や戦闘、牧畜や舞踏などの場面が描かれています。岩絵の年代は七〇〇〇年以上前に遡り、絵の内容からみていくつかの民族が交代しながら絵を残してきたとみられています。

（20）ハーイル地方の岩絵（サウジアラビア）

こちらもアラビア半島北部の砂漠地帯に残る岩絵群の世界遺産です。アラビア半島も更新世の終末期には雨が多い時代がありましたが、その後の気象変動によって乾燥化が進行し、現在は北部のネフド砂漠や南部のルブアルハリ砂漠など広大な砂漠に覆われています。

アラビア半島の北部ハーイル地方にある二つの遺跡には、砂漠化の進行と人々の生活様式の変化を示す大規模な岩絵群が残されています。アラビア半島の歴史を読むと、紀元前二〇〇〇年ころにラクダの家畜化に成功し、アラビア半島の人々がエジプトやメソポタミア、地中海方面を結ぶ陸上交通の担い手として活躍したといいます。

サハラ原始美術の宝庫

家畜化したラクダの岩絵

2　広大なユーラシア大陸

広大なユーラシア大陸の各地にも洞窟壁画や岩絵などロック・アートの世界遺産があります。インド・デカン高原の密林、中央アジアの草原や山岳、北欧の海辺など世界遺産のある場所はさまざまで、岩絵が描かれた時代も異なりますが、人類が自然環境に適応しながら生きてきたことを示しています。

（21）ビムベトカの岩窟群（インド）

インド亜大陸の中央に広がるデカン高原。その北部を東西に走るビンディア山脈の麓に世界遺産に登録された岩窟群（ロック・シェルター群）があります。大きな岩山が五ヵ所にあり、およそ四〇〇の岩窟が発見されています。

これらの岩窟は先史時代から歴史時代にかけて長い間、人々の住居として利用されてきました。古いものは三万年以上前の旧石器時代に遡るといいますが、岩窟の内部にはここに暮らした人々が描いた多彩な壁画が残されています。トラやヒョウなど野生動物の姿をはじめ狩猟採集にいそしむ日常生活の様子が素朴なタッチで描かれており、先史時代の人々の暮らしを知ることができます。この遺跡がある周辺の村には、壁画によく似た風習が今でも見られるということで、先史時代からの文化的伝統が継承されているといわれます。

インドにはアーリア人以前からの先住民族が多く存在しますが、ビムペトカの岩窟群で暮らしていた人々の子孫はそのような先住民として今も生きているのかもしれません。

(22) アルタイ山脈の岩壁画群(モンゴル)

この世界遺産はモンゴル・アルタイ山脈の北側にあります。モンゴルと中国、カザフスタン、ロシアが接するいわばユーラシア大陸の〝ヘソ〟といえるようなところに位置しているといえるでしょう。

この辺境の地に三つの岩絵群遺跡があり、数千点の岩壁画や多くの埋葬遺跡が見つかっています。もっとも古い岩壁画は一万三〇〇〇年前の更新世末期のもので、マンモスやヘラジカなどの大型動物が登場します。一万年前の完新世に入ると、狩人の姿が描かれ、さらに後の青銅器時代になると、狩猟に頼る生活様式がヤギやヒツジなどの牧畜へと移行していった様子がわかります。

ビンペトカの岩窟

アルタイ山脈の景観

ユーラシア大陸の地図を眺めますと、モンゴル高原から西へアルタイ山脈の北側を通り、中央アジアからロシア南部にいたる草原地帯（ステップ）が連なっています。この乾燥した草原地帯は先史時代からユーラシア大陸の東西の文化が交流する「草原の道」でした。また、ここはスキタイ、匈奴、モンゴルなど草原を馬で疾駆する遊牧民国家の興亡の舞台でもありました。

（23）タムガリの考古的景観にある岩絵群（カザフスタン）

中央アジアの草原の国、カザフスタンの南東部は中国の新疆地方に接し、天山山脈から伸びる山々が連なっています。その一角、タムガリ渓谷のごつごつした岩山に五〇〇〇点にのぼる岩絵（線刻画）があり、周辺には先史時代の住居跡や祭祀場跡の遺跡が散在しています。

岩絵群のなかで最も古いものは三五〇〇年前と考えられており、動物や人物像のほか、神格化された太陽の顔が描かれています。その後、遊牧生活がはじまったあとに描かれた絵は、中央アジアの遊牧民が残した岩絵と似通ったものが見られるということで、草原の民たちの盛んな交流を示しています。

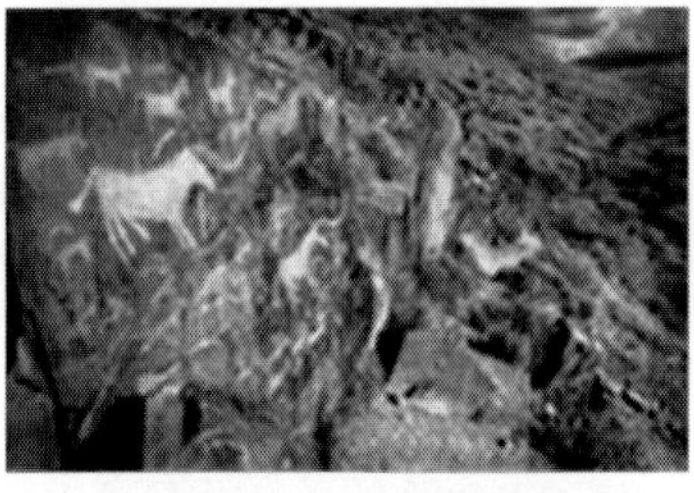
タムガリの線刻画

石造の住居や墓所の遺跡は遊牧民の生活を伝えていますが、岩絵が多いタムガリ渓谷の中心部には、住居跡がないということで、密集した岩絵群は祭祀の意味があったのではないかと考えられています。

（24）ゴブスタンの岩絵の文化的景観（アゼルバイジャン）

黒海とカスピ海にはさまれたコーカサス地方。アゼルバイジャンはこの地を東西に貫くコーカサス山脈の南側にあり、カスピ海に面しています。首都バクーの南西六〇キロの半砂漠地帯に六〇〇〇点を超える岩絵群（線刻画）があり、コーカサス地方の先史時代の生活を伝えるものとして世界遺産に登録されました。　この岩絵群は新石器時代以降、四〇〇〇年にわたって描き継がれたもので、レイヨウや水牛の狩りをする男たち、宗教的な舞踏をする女、葦の船に乗って旅をする人々、槍を携えた戦士など多彩な絵が残されています。

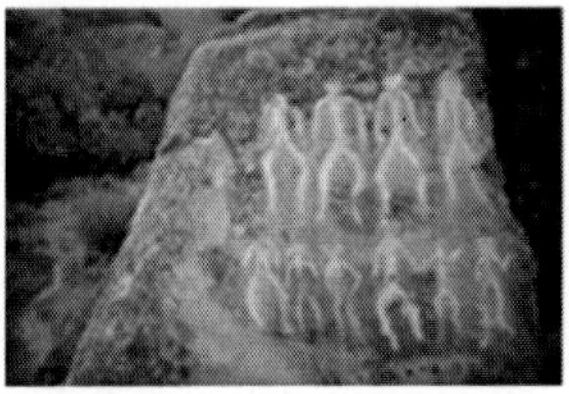

ゴブスタンのロック・アート

（25）アルタの岩絵群（ノルウェー）

先史時代の人類は寒い極北の地にも岩絵を残しました。ノルウェーの最北部にあるアルタの岩絵群は、この土地で暮らしていた狩猟漁労民が六二〇〇年前から三七〇〇年にわたって描いてきたものです。

　海岸沿いや内陸部の岩に刻まれた絵は五〇〇〇点余り発見されていて、トナカイ、ヘラジカ、クマなど北極圏らしい動物の狩りの様子が描かれています。また舟を出して魚を獲る人々の絵もあります。漁労は狩りとともに彼らの重要な生活の手段でした。

アルタの岩絵

(26) ターヌムの岩絵群（スウェーデン）

　この世界遺産はノルウェーとの国境に近いオスロ湾に面した小さな村にあります。三〇〇〇年前から一五〇〇年前にかけての青銅器時代の岩絵群で、前期は主にトナカイなどの動物が写実的に描かれ、舟やソリなど生活の道具も描かれています。後期になりますと、戦闘の情景や耕作する人、さらに舞や祈祷の場面など多岐にわたる生活の様子が示されていて、当時の人々の暮らしが目に浮かびます。

　この岩絵は滑らかな岩の面に輪郭線を彫り、色を流し込むという技法で描かれていて、芸術性が高いと評価されています。青銅器時代から鉄器時代にかけてスカンジナビア半島に暮らしていた人々は航海術に優れ、戦闘に強い半面、繊細な芸術を残した人々でした。

以上、地中海周辺とユーラシア大陸の各地に残された岩絵群をみてきました。温暖化、乾燥化など環境の変化によって狩りの対象となる動物が変化し、人間の生活様式も変わってきたことが読み取れるものでした。狩猟生活の変遷を描いた岩絵は環境に適応した人類の歴史を示しているといえるでしょう。

ターヌムの岩絵

3　新大陸に渡った人類

アメリカ・ニューメキシコ州のクローヴィスという町で、独特な形をした旧石器時代の尖頭器がマンモスの骨とともに発見されています。新大陸の各地で同じ系統の遺跡が発見されており、その多くはマンモスやバイソンなどの獲物を解体した「キルサイト」でした。考古学者はこれをクローヴィス文化といいます。

こうした遺跡を残したのはシベリアの狩猟民であったモンゴロイド系の人々で、アメリカ先住民の祖先になります。彼らが新大陸に渡った時期は氷河時代の終末期、二万五〇〇〇年前から一万四〇〇〇年前の間であったと考えられています。移動の波は何回かあったでしょうが、北アメリカから中央アメリカを経て一万三〇〇〇年前には南アメリカの先端に到達しています。彼らは新大陸の各地に洞窟壁画や岩絵を残しています。世界遺産になった遺跡をご紹介します。

（27）アイシナピの岩刻画群（カナダ）

人類が新大陸に渡ったころのカナダは厚い氷床に覆われていて、人が暮らすには苛酷すぎる環境でした。したがって新大陸に渡った人類は西岸を南下してメキシコ方面から南アメリカ大陸に進出しました。北米大陸の東北方面に広がったのはだいぶ後のことだといいます。

この世界遺産はカナダの西南部、アメリカとの国境に近い大平原にあり、原住民のブラックフット族の岩刻画がたくさん残されています。食料源であるバイソンも多く生息していたところで、他部族との戦いの舞台でもありました。ここは精霊が住むと崇められてきた聖地で、霊的儀式が数千年にわたって行われてきたといいます。

(28) サンフランシスコ山地の岩絵群(メキシコ)

この遺跡群は太平洋に細長く突き出たカリフォルニア半島の山岳部にあります。およそ四〇〇〇ヵ所の洞窟や岩壁に先住民のコチミ族やグチアミ族が描いた岩絵が発見されています。描かれた時期は三一〇〇〇年前から七〇〇〇年前までと考えられ、狩猟採集民の祭祀の場であったと考えられています。

岩絵のなかには身長二メートルの人物像があり、かつては巨人族が住んでいたと考えられていました。カリフォルニア湾に近い遺跡

背の高い人物像の岩絵

らしく、クジラ、カメ、マグロ、イワシ、タコなどの海の動物も描かれています。ここに暮らしていた先住民は漁労にも長じていたものとみられます。

(29) チリビケテ国立公園 〝ジャガーのマロカ〟(コロンビア)★

ユネスコが名付けたこの世界遺産の名称は〝The Maloca of the Jaguar〟です。マロカは民族学の用語で、氏族まではいかない親族集団の意味で使われます。ジャガーを崇拝する親族集団が大切にしていた神聖な場所という意味でしょう。

北からみて、南アメリカ大陸の入り口にあたるコロンビアは国の太平洋側にアンデス山脈が走り、その東側は熱帯雨林が果てしなく広がるアマゾン川の上流域になっています。チリビケテ国立公園はこの熱帯雨林のなかにあり、無数の滝や急流に阻まれて舟でしか近づけないアマゾンの秘境です。

このジャングル地帯のなかにテプイとよばれる卓状山地があり、三〇〇〇～五〇〇〇メートルもある切り立った崖に先史時代の岩陰遺跡や岩絵が残されています。ジャガーの絵をはじめ狩猟の場、踊り、儀式の様子などが描かれていて、岩絵の総数は七万五〇〇〇点を超え、古いも

チリビケテ国立公園の卓状山地

のは一万二〇〇〇年前に描かれたといいます。新大陸に渡った人類がかなりのスピードで南北アメリカに拡がったことを証明しています。

このジャングル地帯には外界との接触を拒み、文明と隔絶した生活を送る人々が暮らしています。外界の人間が持ち込む疫病などから保護するために、コロンビア政府はこの地域への立ち入りを禁じていますが、保護事業にかかわっている女性が新型コロナウィルスに感染したという現地の報道もありました。先住民たちの運命が心配です。

（30）リオ・アビセオ国立公園（ペルー）★

この国立公園はアンデス山脈の東側に位置するアマゾン川源流域の秘境で、貴重な動植物に恵まれています。八〇〇〇年前の住居跡など先史時代の遺跡が見つかったことから自然遺産と文化遺産を兼ねた複合遺産として登録されました。

チリ国境に近いところで発見されたトケパラ洞窟では狩りの場面を描いた多くの岩絵が見つかっています。狩人

トケバラ洞穴の壁画

たちが棒を振るって野生のグアナゴ（ラマの一種）を柵のなかに追い込む猟の様子が描かれています。生け捕りにして家畜にする技術もこうして生まれたのでしょう。

（31）ピントゥーラス川のラス・マーノス洞窟（アルゼンチン）

この世界遺産は南米大陸の最南端、パタゴニア地方にあります。パタゴニアは南極大陸とグリーンランドに次いで大きな氷河があるところで、今も氷河の先端が崩れて氷山になるのをみることができます。

ラス・マーノスというのは「多くの手」という意味で、この名前の通り、先史時代の狩猟採集民が描いた無数の手形が洞窟に残されています。岩に手を置き、鉱物性の絵の具を吹き付けて手形を記録するという手法で描かれており、少年が大人になったときの通過儀礼によるものと考えられています。手形が描かれたのは二五〇〇年前以降とみられますが、このほかグアナゴなどの狩りの岩絵が描かれており、九〇〇〇年前に遡るといいます。

ラス・マーノスの手形

（32）カピバラ山地国立公園（ブラジル）

カピバラ山地はブラジルの北東部にあり、国立公園は奇岩と灌木に覆われています。三五〇以上もある洞窟群には三万点を超える壁画があり、六〇〇〇年前から一万二〇〇〇年前まで遡る遺跡として世界遺産に登録されました。

このなかにはクリプトドンとよばれる体長三メートル、甲羅をもった巨大なアルマジロが描かれた壁画があり、いつ、だれが描いたのか、問題になりました。氷河時代の終末期には絶滅したはずのクリプトドンが氷河時代のあとも生息していたことになります。南米大陸に拡がった狩人たちによって乱獲され、数千年前に絶滅したとされましたが、もっと早い時代にアフリカから南米大陸に渡っていた人類がいて、その人々がアルマジロの壁画を描いたのではないかという説が提起されたのです。

その根拠は洞窟のなかで見つけた焚き火跡や石器の年代測定で二〜三万年前という値が出たことです。そうなると、人類がアメリカ大陸に渡ってきたのは三万年前ということになりますが、三万年前の人類が舟を操って大西洋を渡ることができたのか、新たな謎が生まれ、論争は収まっていません。

カピバラ国立公園

4 原始美術の聖地 アフリカ・オセアニア

アフリカやオセアニアの人類が残した先史時代の世界遺産も、人類の文化の多様性を考えるうえで見逃すことはできません。

西洋美術史では先史時代の美術と現存する部族社会の美術を総称して、原始美術（英語の primitive art の翻訳）とよんでいます。先史美術はアルタミラ洞窟の壁画や氷河時代のヴィーナス像などが含まれ、豊穣、多産などの祈りがこめられているとされます。部族美術も先史美術と同様に、豊穣、多産などの祈りとともに祖先崇拝の心を表現しているとされます。生命力に満ちた原始美術はピカソ、マチス、モジリアニなどの芸術家たちに強い影響を与え、原始主義（プリミティビズム）とよばれる芸術運動も生まれました。

サハラ以南のアフリカとオーストラリアでは、太古の昔からこうした祈りが岩絵や彫刻などによって表現されてきました。こうした原始美術は部族にとって神聖な場所とされてきた場所に残されています。

【コラム②】アフリカの少数民族

現生人類の祖先が七～一〇万前にアフリカ大陸を出て世界に広がり、その過程でコーカソイド、モンゴロイド、ネグロイドなどの人種に分岐したことは先に説明しました。人類学では、アフリカにとどまったネグロイドの人々も進化の過程でコンゴロイド、カポイド、ネグリロなどの人種に分岐したとされます。

カポイドはアフリカ南部に居住するサン人（ブッシュマン）とコイコイ人（ホッテントット）の二民族を総称した人種概念で、最新の遺伝学研究によりますと、最も古い段階で他の人種と分岐した「アフリカ最古の住民」といわれます。平均身長は男子で一五五センチ。かつてオランダ人によりブッシュマン（藪の人）とよばれましたが、侮蔑的な表現であるためこの名称は避けられています。

同じく小柄なピグミーは人類学でネグリロとよばれます。ピグミーはアフリカの赤道付近の熱帯雨林に住む狩猟採集民で、平均身長は一五〇センチ未満。かつて奴隷商人から買い出されて自由の身になったピグミーの青年がアメリカに連れていかれ、万国博覧会（セントルイス、一九〇四年）の人類学展で展示されたことがありました。二〇世紀初頭の人種差別の実態を表す事件として知られています。

(33)ツォディロの岩絵群(ボツワナ)

アフリカ南部の乾燥した内陸部に、原始美術の宝庫ともいうべき三つの世界遺産があります。いずれもアフリカ原住民のサン族(ブッシュマン)が太古の昔から描いてきた岩絵群で、石器時代からの文化的伝統が現存する証拠として世界遺産に登録されました。

このうちボツワナでは、まばらに灌木が生えるカラハリ砂漠の岩山に二〇〇〇点あまりの岩絵が残されています。最も古いものは二万五〇〇〇年前に遡るということで、狩りの動物や舞踊、儀式などサン族の生活が描かれています。ツォディロの丘の周辺にはサン族の住居が点在し、昔ながらの狩猟によって暮らしています。

カラハリ砂漠の風景

ボツワナの人口の大半を占めるツワナ族はアフリカの中央部から移動してきた黒人の部族で、ウシの放牧によって暮らしています。太古の時代からここに住むサン族は少数民族(四パーセント)ですが、この土地の自然を知り尽くしていて、旱魃でツワナ人が大きな打撃を受けても何とか生き延びる術を知っているといいます。

（34）マトボの丘の岩絵群（ジンバブエ）

ジンバブエの南西部、ボツアナとの国境に近いサバンナ地帯に奇妙な形をした花崗岩の岩山が点在しています。この丘には石器時代からサン族が定住し、洞窟や岩肌に動物などの岩絵を残してきました。居住の痕跡は一万三〇〇〇年前に遡るといいます。

一〇〇〇年ほど前、アフリカの中央部から黒人系の諸部族が移住してきたため、追われたサン族は西に移り、現在、少数がカラハリ砂漠などで暮らしています。

ジンバブエを含むアフリカ南部の諸国はかつて欧州列強の植民地戦争の舞台でした。イギリスの植民地経営を強力に進めたセシル・ローズは、マトボの一角にある岩山の頂に葬られています。そこは先住民が「精霊たちの丘」とよんでいた聖地で、セシル・ローズの墓は先住民との間に大きな摩擦を生んだと伝えられます。

（35）トゥウェイフルフォンテーンの岩刻画群（ナミビア）

アフリカ大陸の南西部に位置するナミビアは大西洋を北上する寒流の影響を受けて乾燥し、国土の西側はナミブ砂漠、東側は隣国ボツアナのカ

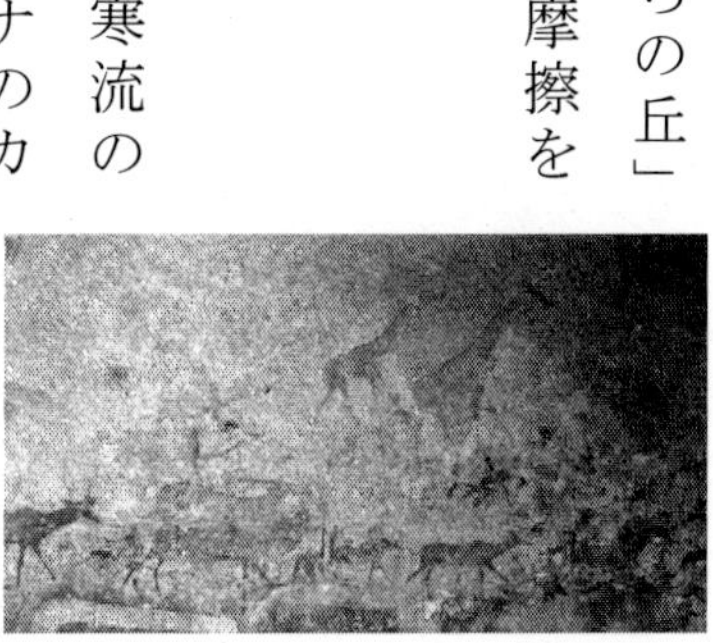

マトボの丘の岩絵

ラハリ砂漠が広がる土地です。ここでもサン族が石器時代から定住し、荒涼とした岩山の壁面に岩絵を残してきました。遺跡の年代は三〇〇〇年前からおよそ二〇〇〇年間とされます。

ほかの場所の岩絵が赤土などで描かれているのに対し、ナミビアの岩絵は岩面を彫って描いたもので、狩りをする人間やサイ、キリン、ゾウなどの動物が描かれています。人間がライオンに変身する様を描いた岩刻画もあるということで、狩猟採集民のサン族がこの土地で何らかの宗教的儀式を行っていたのではないかといいます。

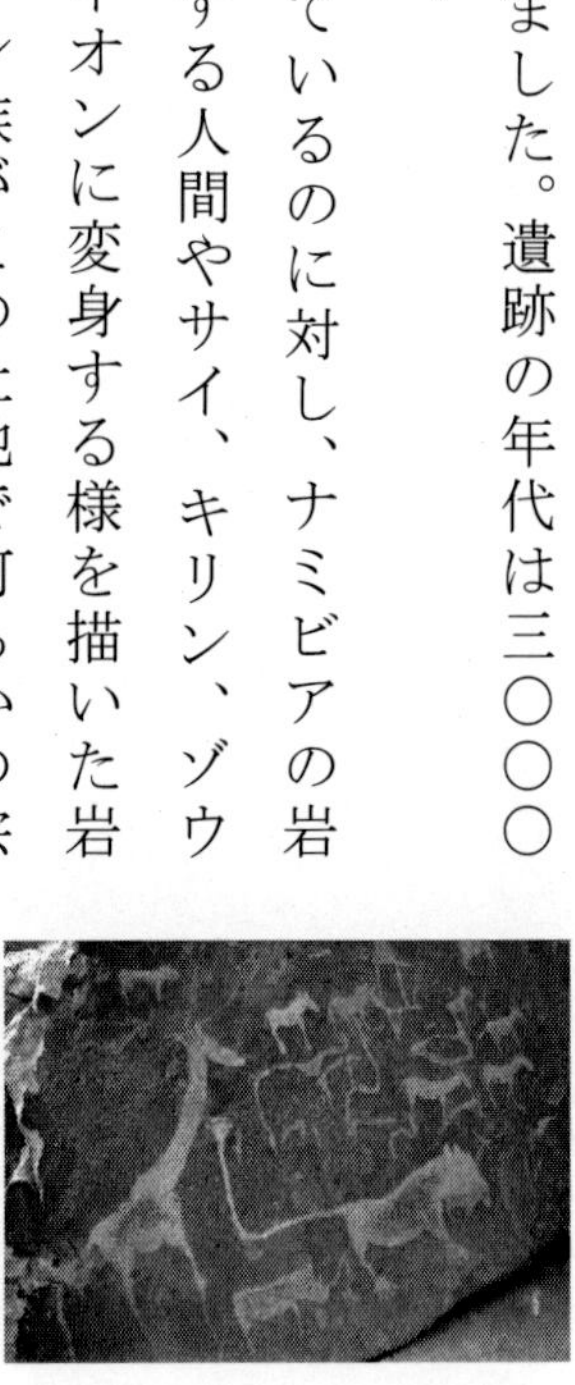

ナミビアの岩刻画

(36)チョンゴニの岩絵地域(マラウイ)

マラウイはアフリカ大陸を南北に走る大地溝帯の南端にある高原の国です。その中央にある森林地帯の丘陵に、石器時代からここで暮らしてきた狩猟採集民トゥワ族(ピグミー)の岩絵群と後からこの土地に来たバンツー系の農耕民チェワ族(黒人部族)の岩絵群があります。トゥワ族が残した初期の絵は狩りの様子が描かれています。一方、チェワ族の絵は農耕にかかわる主題の絵が多く、雨乞いや祭礼なども描かれています。

マラウイのピグミーも、移住した農耕民による森林の伐採などによって、生活の場である土地を失いました。少数民族の立場に追い込まれた彼らは数百年にわたって迫害された生活を続けています。（コラム②参照）

（37）コンドアの岩絵遺跡群（タンザニア）

人類発祥の地といわれるタンザニア。その中央を走る大地溝帯の切り立った岩壁やたくさんある洞窟のなかに、数千年にわたって描かれてきた岩絵遺跡群がありま す。岩絵は赤い絵と白黒の絵に大別され、古い時代の赤い絵は弓矢を携えた狩人がレイヨウやゾウなどの狩りをする様子が描かれています。一方、白黒の絵に描かれているのは新しい時代のもので家畜が多く、この地の社会生活が狩猟採集から農耕牧畜へと移り変わってきたことを伝えています。周辺の住民は今でもここの洞窟群で成人の儀式などを行っているということで、ここを聖地と崇める文化的伝統が継承されています。

コンドアの岩絵

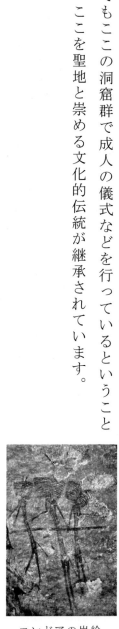

（38）カカドゥ国立公園（オーストラリア）★

オーストラリアには先住民族アボリジニの歴史を語る世界遺産が四つあります。人類がオーストラリアに到達したのは五万年前といわれ、その子孫であるアボリジニが描いた岩絵や信仰の対象とした聖地などが世界遺産になっています。（コラム③参照）

カカドゥ国立公園はオーストラリア大陸の北部、アラフラ海をへだててインドネシアと向き合う位置にある熱帯性気候の自然公園です。国立公園の北部は湿地帯でイリエワニが生息する川が流れ、南部の丘陵地帯にはエリマキトカゲが生息するなど貴重な動植物に恵まれています。

この地域は数万年前から先住民族アボリジニが住んでいたところで、出土した旧石器時代の石斧は世界最古といわれています。また内陸部の渓谷にある崖にはアボリジニが残した岩壁画が三〇〇〇以上、発見されています。岩壁画のモチーフや技法は時代によっていろいろですが、カンガルーなどの骨格や内臓を表現した「レントゲン技法」の岩絵が有名です。

なお、国立公園の東にあるバッハ―ゾーン（緩衝地帯）でウラン鉱

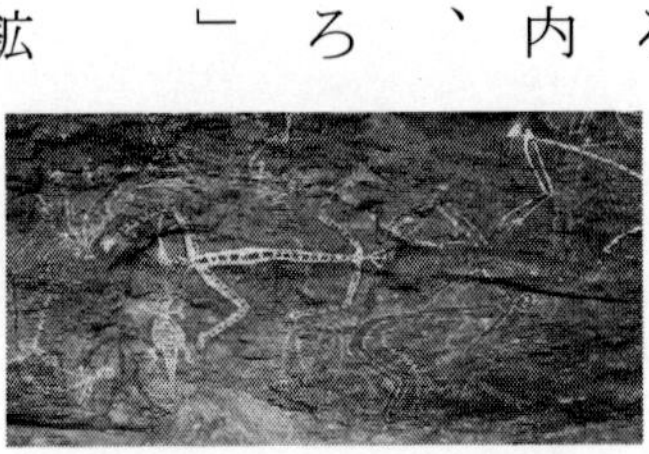

カカドゥの洞窟壁画

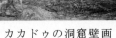

床の資源開発が行われており、環境破壊の観点からの監視対象になっています。

(39)ウィランドラ湖群地域(オーストラリア)★

この世界遺産はオーストラリア大陸の南東部、マレー川の源流域に拡がる砂漠地帯にあります。この地域はかつて緑に恵まれていましたが、温暖化が進んだ一万五〇〇〇年前、大小の乾燥湖が連なる砂漠地帯になってしまいました。

このウィランドラ湖群地域にあるマンゴ国立公園で、一九七〇年代にアボリジニの祖先とみられる男女の化石人骨が発見されました。男性の骨は四万年前のものとみられ、人骨の周りに鉄分を含んで赤く見える粘土が振りかけられていました。何らかの葬送の儀式の痕跡と考えられています。また、同じ時期の女性の人骨は火葬が行われたことを示しています。これは人類最古の火葬が行われた遺跡であるといいます。

(40) タスマニア原生地域(オーストラリア)★

タスマニア島は北海道より一回りほど小さい島で、その南西部にある広大な原生林地帯には氷河の浸食作用でできたU字型の渓谷、

ウィンドラの湖群地域

大小無数の氷河湖など変化に富んだ自然景観が残されています。また肉食の有袋類であるタスマニア・デビルなど固有種の生物が生息しています。

一方、点在する洞窟の一つから二万一〇〇〇年前の人類がこの地で生活していた痕跡が発見されたほか、先住民アボリジニが洞窟のなかに描いた岩壁画も見つかっています。氷河時代のオーストラリアとタスマニア島は陸続きでしたが、地球の果てのような地域まで人類が拡がっていたことを知らせてくれる世界遺産です。

タスマニア原生地域

(41)ウルル=カタ・ジュタ国立公園(オーストラリア)★

この国立公園はオーストラリアのほぼ中央にあり、二つの巨大な岩山が赤く乾いた台地に姿を見せています。ウルルは周囲九・四キロメートル、高さ三四〇メートルの世界で二番目に大きな一枚岩の岩山で、カタ・ジュタは大小三六個の巨大な礫岩が連なる奇岩群です。

先住民族のアボリジニは太古の昔からこのウルルとカタ・ジュタを聖地として崇めてきました。周辺の岩場には精霊の宿る場所や水場を示した岩絵が残されています。神聖なウルルに登ることは許されないことでしたが、近年は観光客が押し寄せていました。これに対しアボリジニの人々は登山の禁止を訴え続け、二〇一九年一〇月に観光登山は禁止されました。先史時代からの聖地をめぐる紛争はほかにもあることだろうと思われます。

手前がウルル、
遠方がカタ・ジュタ

【先史時代からのメッセージ】

世界遺産の岩絵群は地球に拡がった人類の狩猟生活を描いたものでした。先史時代の狩人たちは生命への祈りを力強く表現していました。彼らが高い創造的能力の持ち主であったことを示しています。こうした原始美術が近現代の美術思想に大きな影響を与えたこともうなずけます。

もうひとつ、先史時代に描かれた岩絵の多くは気象変動によって地球の環境が劇的に変化することを示しています。サハラ砂漠の奥地にある岩絵群は緑豊かな大地が砂漠になった事実を告げていました。このほか各地の岩絵群は動植物の生態系が大きく変化したことを示しています。気象変動が人類の未来にきわめて重大な運命をもたらすことをあらためて告げる先史時代からのメッセージだといえるでしょう。

【コラム③】オーストラリアの先住民族

五万年前の最終氷期、人類はユーラシア大陸の南東部にあったスンダランドから海を渡ってオーストラリアに達し、東部海岸沿いにタスマニア地方まで拡がりました。オーストラリアの先住民族アボリジニはこの人々の子孫です。その後の気候変動によって大陸から孤立したアボリジニは移動型の狩猟採集生活を続けてきました。狩猟道具のブーメランは有名です。

一七世紀、ヨーロッパ人がオーストラリアの存在を「発見」した当初、アボリジニの人口は三〇万〜一〇〇万人で、二五〇種類の言語があったとされます。その後、オーストラリアはイギリスの流刑地となり、さらに植民地となりました。この歴史のなかでアボリジニの人口は急激に減少し、一九二〇年の人口は七万人であったといいます。

人口減少の原因は入植者が持ち込んだ病原菌と「アボリジニ狩り」と称した虐殺によるものだとされます。とりわけ、天然痘、梅毒、インフルエンザなどの感染病は隔絶した環境のなかで免疫力のなかったアボリジニの命を大量に奪いました。

ブラジルの先住民族社会で新型コロナウィルスの感染者が増えていると報道されていますが、アボリジニの悲惨な運命が再現されないよう祈ります。

第Ⅲ章　先史時代の暮らしと集落

世界遺産には先史時代の暮らしと集落の姿を伝える遺跡も数多くあります。生活の基盤は農耕や牧畜、漁労などいろいろで、住居と集落もそれぞれの風土に適応した形で作られてきました。

日本列島の縄文人は温暖な海に恵まれて早い時期から海に乗り出し、多種多様な魚や海獣を獲って暮らしていました。縄文遺跡の貝塚は縄文人がなにを食べていたか、詳しく教えてくれます。住まいは木材やカヤなどを使った竪穴式住居。豊かな自然の恵みを巧みに利用した暮らしでした。一方、世界の人々はどのような暮らしをして、どのような集落を作っていたか。まず農耕や牧畜で暮らしていた西アジアの遺跡から探ってみます。

1　文明のゆりかご　西アジア

氷河時代が終わったあと、西アジアの一帯で寒の戻りがあり、食料に困った人々は野生種のムギやマメの栽培をはじめました。西アジアはコムギを中心にした農耕の発祥の地と考えられています。やがて半乾燥地帯の草原でヤギやヒツジなどの牧畜が行われます。農耕牧畜をはじめた人類は定住して集落を作り、精巧な石器や土器を使うようになりました。

西アジアの「肥沃な三日月地帯」には、このような初期農耕時代の集落の遺跡がいくつも発見されていて、その一部は世界遺産に登録されています。

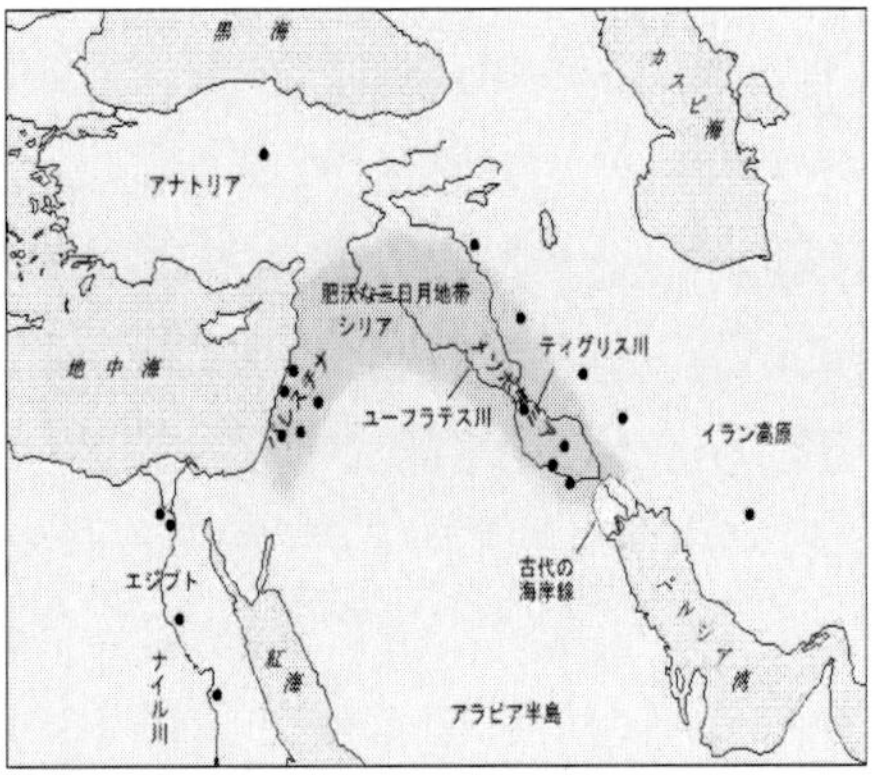

【肥沃な三日月地帯の遺跡】

肥沃な三日月地帯はイランのザグロス山地からイラクやシリアのチグリス・ユーフラテス川を遡り、トルコのアナトリア地方を経て地中海東岸のパレスチナにいたる地域です。

シリアの北部、ユーフラテス川沿いの台地にある**テル・アブ・フレイラ**は農耕がはじまったころの痕跡を残す集落の遺跡で、ライムギやヒトツブコムギなどを栽培していたことがわかっています。一万一五〇〇年前にはかなりの規模の集落が成立し、世界最古の農耕遺跡といわれていますが、巨大なダムの建設によって湖底に沈んでしまいました。

イラクの北東部、ザグロス山地にある**ジャルモ**の農耕村落遺跡でも野生種と栽培種のオオムギとコムギが出土しました。家畜化されたとみられるヒツジ、ヤギ、ブタの骨が大量に見つかっています。

さらに旧約聖書の舞台でもあるパレスチナの**エリコ**も初期農耕時代の集落の姿を伝える遺跡です。死海に注ぐヨルダン川西岸にあります。この遺跡は一万年前にはじまった農耕民の集落で、すでに周囲を濠と石積みの防壁で囲っています。農耕の開始とともに戦争がはじまっていたのかもしれません。

これらの遺跡は世界遺産に登録されていませんが、肥沃な三日月地帯とその周辺で世界遺産に登録された遺跡をみることにします。

(42)チャタル・ホユックの新石器時代遺跡(トルコ)

この遺跡はトルコの首都アンカラから南へ三〇〇キロ離れたアナトリア高原にあります。チャタル・ホユック(チャタル・ヒュユクとも表示されます)はトルコ語で「分岐した丘」の意味ですが、ここには新石器時代の集落跡が積み重なってできた遺跡の丘が二つあります。集落遺跡の丘をテペ(遺丘)といい、西アジアの各地では数多くのテペが発掘されています。

チャタル・ホユックの東側の遺丘は長径五〇〇メートル、短径三〇〇メートル、高さ二〇メートルの卵型です。積み重なった集落跡は一四層あり、最も古い最下層の集落跡は九五〇〇年前に遡るといいます。農耕がはじまって間もないころの農耕民の暮らしを知る手がかりが見つかっています。

発掘された住居跡は日干しレンガで作られた部屋が蜂の巣のように密集した集合住宅でした。どの住居にも通路や窓はなく、人々は天井にある穴に立てかけた梯子で出入りしていたものと考えられています。屋根の上が通路になっていたわけで、このような家の構造がどうしてできたのか。外敵に備えたものかもしれません。

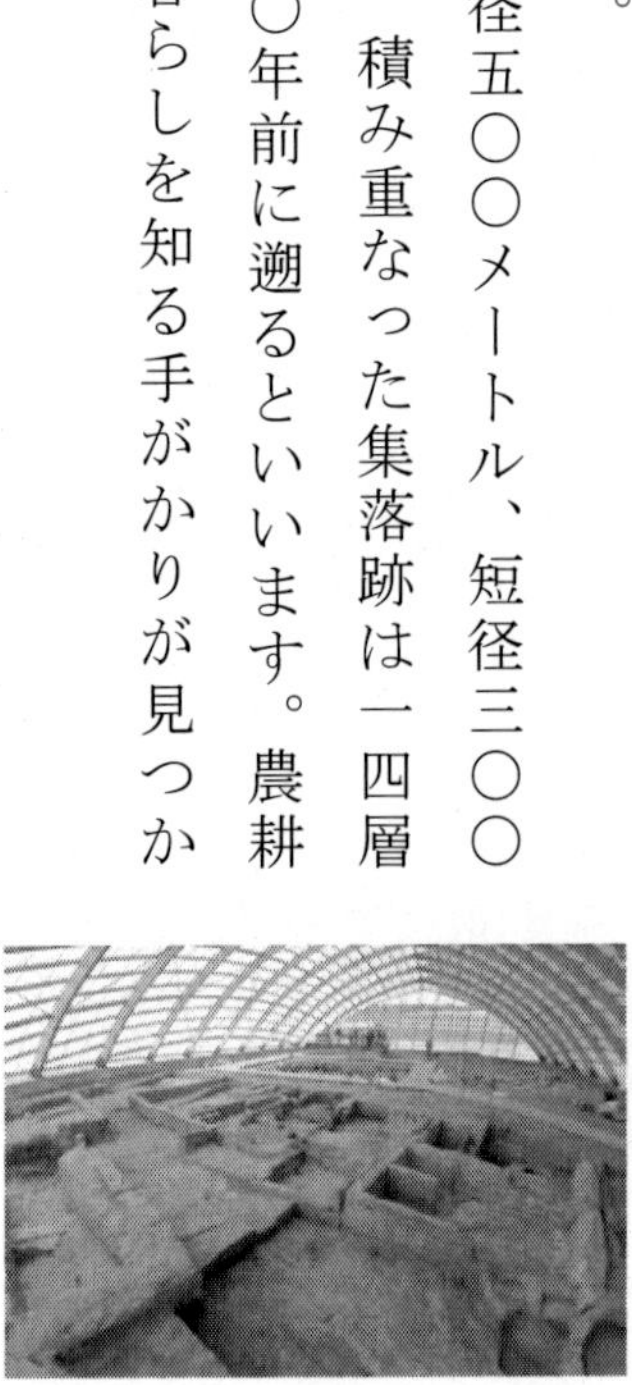
チャタル・ホユックの集落

部屋の内部をみますと、主な部屋の壁には白い細かな粘土（漆喰）が繰り返し塗られていました。低い通路でつながった補助的な部屋には食料が貯蔵、保管されていました。コムギ、オオムギ、エンドウマメ、アーモンドなどを栽培していたことが明らかになっています。この遺跡ではウシやヒツジの骨が発見されており、家畜を飼う暮らしがはじまっていた証拠とされています。住居の内部で見つかった古い時代の壁画には、絶滅したバイソン（野牛）の狩りの様子を描いたものがあるということで、狩猟も行われていたことを示しています。

部屋の数などからみて、この集落の人口は五〇〇〇人前後、最大で一万人と推定されています。この人口を養うだけの農耕が行われていたということでしょう。しかし、ここで発掘されたお墓の副葬品からみて王のような存在は認められず、集落の構成員は同じレベルの暮らしをしていたと考えられています。チャタル・ホユックの初期農耕社会では、まだ富の蓄積と階層分化は進んでいなかったのでしょう。

さらに主な部屋に設けられた基壇の下には墓壙があり、そこに死者を埋葬したことがわかっています。遺体は別の場所で長い間、外気にさらされ、そのあと埋葬されたと考えられています。壁画のなかには人間の遺体にワシやタカなどの猛禽類が舞い降りてくる場面を描いたものもあるということで、ハゲワシなどの猛禽類に遺体をついばませてから埋葬した可能性も否定できないということです。ゾロアスター教の鳥葬のような葬送儀礼があったのかもしれません。

（43）キロキティアの集落遺跡（キプロス）

東地中海に浮かぶキプロス島は山形県ほどの面積で、風光明美なリゾート地として知られています。しかし、古い時代に海を渡ってきたギリシャ系住民とオスマン帝国時代に移住してきたトルコ系住民の政治的対立が激しく、島は今も南北に分断されたままになっています。

集落の遺跡は島の南側、海岸線から六キロほど離れた内陸部にあります。丘陵の斜面に円筒形に石を積んだ住居跡が数多く発掘されており、最終的には三〇〇棟を超える規模の集落であったとみられています。集落を巻くように石を敷き詰めた道路があって、その外側に高さ二メートル前後の石積みの塁壁が残されています。外敵に備えた防御用の施設ではないかということです。

キロキティアの集落遺構

住居は内径五メートル前後の円筒型で、河原石を積み上げた壁の外側と内側に石灰質の泥に干し草を混ぜた漆喰を塗っています。入り口は狭くて窓はなく、屋根は並べた木の枝に漆喰を塗っています。こうした住居が六～七棟集まり、その中央に共用のスペースがあって炊事用の道具類が見つかっています。

出土した石器類や食料の遺物からみて、キロキティアの住民はコムギやオオムギの栽培とともにオリーブやイチジクなど果樹の栽培をしていました。ヤギやヒツジ、シカやイノシシの骨も大量に出土しており、家畜の飼育とともにシカなどの狩猟をしていたとみられます。
この集落が生まれたのは九〇〇〇年前の新石器時代。隣接したトルコのアナトリア地方や地中海の東岸に連なるシリアやイスラエル、さらにはユーフラテス川沿いのメソポタミア地方で農耕がはじまった時代でした。それから三〇〇〇年間、キロキティアは肥沃な三日月地帯の文化的影響をうけながら独自の文化を残してきました。

キロキティアの住民たちはセム系とみられますが、キプロス島の西にはミノス文明を生んだクレタ島があり、東地中海文明の舞台です。北にトルコ、南にエジプト、東にイスラエルというキプロス島の地理的条件を考えますと、先史時代のキプロス島はまさに文明を運ぶ海の道が交差する要にあったといえるでしょう。

2 農耕文化の起源

肥沃な三日月地帯で生まれたムギの農耕はやがて大河の水を利用する灌漑農耕に発展し、エジプトでも大規模な灌漑農耕が行われました。ムギ農耕は七〇〇〇年前までに周辺の地域に広く伝わり、西に向かっては、エジプトから北アフリカ、イベリア半島を経て西欧に広がりました。また南ロシア、ギリシャを経て中欧、北欧に及んだルートもあります。

東に向かっては、イランを経てインダス河流域に伝わり、中央アジアのオアシス地帯を経て中国の黄河流域にいたったとされています。この農耕文化を受け入れたエジプト、インド、中国ではやがて大河のほとりに古代都市文明が発展しました。まさに肥沃な三日月地帯は「都市文明のゆりかご」でした。

農耕はムギだけではありません。東アジアではコメの栽培が早くからはじまり、中南米ではトウモロコシやジャガイモの栽培、そしてオセアニアではイモの栽培が古くから行われてきました。それぞれの農耕文化は今も続いています。

【稲作の起源】

稲作はいつどこで誕生したのか、稲作の起源をたどってみましょう。かつてイネの栽培は中国の雲南省からインドのアッサム地方にかけての地域で五〇〇〇年前にはじまったと考えられていました。しかし、中国の長江流域でイネの栽培を示す考古学的な発見が相次ぎ、研究も進んだ結果、今では稲作の起源は長江の中流域と考えられています。

もっとも古い証拠は長江中流域にある江西省の**仙人洞遺跡**から一万四～五〇〇〇年前に遡るイネのグランドオパール（植物の細胞壁に沈着した珪酸体）が検出されたことです。同じく長江の中流域にある湖南省の**玉蟾岩《ぎょくせんがん》遺跡**では一万四〇〇〇年前の稲もみが発見されています。

稲作の確実な証拠は長江中流域の洞庭湖近くにある**彭頭山《ぼうとうざん》遺跡**（湖南省）から炭化米が出土したことで、年代測定の結果は八～九〇〇〇年前といいます。この遺跡は広さ五万平方メートルもの大きな農村集落で、一万年以上前には大がかりな稲作農耕が出現していたと考えられます。七〇〇〇年前になりますと、稲作農耕は長江の下流域に広がりました。杭州湾の南岸にある**河姆渡《かぼと》遺跡**（浙江省）では水稲のもみが大量に発見されています。遺跡からは高床式の住居が数多く

河姆渡《かぼと》遺跡の発掘現場

発見され、田を耕す道具類をはじめ比較的に高い温度で焼いた黒陶の土器や漆器などが出土しています。

（44）良渚古城遺跡（中国）

二〇一九年に世界遺産に登録された**良渚《りょうしょ》古城遺跡**はこのような長江流域の稲作農耕を基盤に形成された地域国家の都城遺跡です。大がかりな土木工事で作られた城壁があり、外周には灌漑用水を確保するダムのような水利施設も作られていました。遺跡からは収穫用の石鎌、田起こしに使う石犂など多様な稲作の道具類が発見されています。灌漑を利用した水田農耕が行われていたことがわかっています。

遺跡の年代は五三〇〇年前から四三〇〇年前。日本列島の縄文時代中期にあたり、三内丸山遺跡とほぼ同時代になります。この遺跡の周辺では宮殿と思われる建物や支配者層の墳丘墓が発見されており、玉璧《ぎょくへき》や玉琮《ぎょくそう》など軟玉の素材に細密な装飾を施した多数の玉製品が出土しています。これはイネの灌漑農耕が進んで人口が増えるとともに階層の分化が進み、祭祀を司る王が統治する地域国家が出現していたことを示します。

良渚古城遺跡の発掘現場

長江の河口に近い太湖から杭州湾にかけての一帯には、良渚遺跡と同じ時代の遺跡がいくつか発見されています。そのうちの一つ、太湖の南にある**呉江龍南遺跡**の早期の地層からは、合掌造りの屋根をもった多くの住居跡のほか、丸い竪穴のブタ小屋、漁網の錘、蒲を編んだ敷物、紡錘車などが発見されています。鉢の土器からは動物の脂肪が検出され、スープを作っていたとみられます。時代が下った地層からは鏃が突き刺さった人骨が発見され、戦争の時代に入ったことを示唆しています。

良渚古城遺跡が示す長江文明はこのような稲作農民の生産力を基盤に形成されました。ところが良渚文化は四三〇〇年前、急速に衰退しました。原因はわかりませんが、洪水が繰り返し発生して水田農耕が困難になったという説や北方の地域国家との戦争が原因という説もあります。

【稲作文化の日本への伝播】

中国の歴史時代、長江文明が栄えた地域には中流域の楚をはじめ下流域の呉や越の国がありました。稲作農耕民の子孫が建てた国で、呉の国は日本とも大変に関係が深いと考えられています。

弥生時代に日本列島に伝わってきた稲作農耕の流入ルートは朝鮮半島経由説や

琉球列島経由説のほか、長江の下流域から直接、九州に伝えられたという説があります。杭州湾のあたりから船出すると、黒潮に乗って三日ほどで九州につくということで、呉の国の一部が日本に渡ってきた可能性は否定できません。良渚文化を作った人々の末裔が舟で東シナ海を渡り、九州に稲作を伝えた。換言すると、日本の稲作文化の源流は長江下流域にあるという説は説得力があるように思います。

ギラ・ナキツ洞窟遺跡

(45) オアハカの中央渓谷にある先史時代洞窟群(メキシコ)

この世界遺産は先史時代の狩猟採集民が一万年前から利用していた洞窟や岩陰の居住遺跡で、彼らは打製石器とともに磨製石器を使ってシカやウサギなどの狩りをしていました。その一方、大量のドングリやリュウゼツラン、サボテンの実などを採集して暮らしていました。さらにヒョウタン、カボチャ、ウリ、マメなども見つかっています。ヒョウタンは栽培されていたもので、容器として利用していたとみられています。

この洞窟遺跡群のひとつ、ギラ・ナキツ洞窟ではトウモロコシの栽培が行われていた証拠が見つかっていますが、この洞窟群に居住した人々は長い間、狩猟採集の移動生活を続けていて、農耕生活に入ることはありませんでした。洞窟は季節的に利用されていたと考えられています。

【トウモロコシ農耕の起源】

西アジアのムギ、東アジアのコメと並んで三大穀物に数えられるトウモロコシ。その原産地はメキシコの中南部を流れるバルサス川流域で、七〇〇〇年前にテオシンテというイネ科の野生植物にヒトの手が加わってトウモロコシが生まれたといいます。

その証拠が見つかったギラ・ナキツ洞窟では六二〇〇年前のトウモロコシの穂軸とともに、テオシンテの花粉が見つかっています。トウモロコシの栽培は徐々にアメリカ大陸に広がり、のちに出現するオルメカ文明やマヤ文明などメソアメリカ文明の経済的な基盤になりました。

アメリカ大陸原産の農作物はトウモロコシのほか、ジャガイモ、カボチャ、トマト、トウガラシ、タバコなど、数えきれないほどたくさんあります。コロンブスによってヨーロッパにもたらされたこれらの農産物は全世界に広がり、寒冷地でも生育するジャガイモの栽培はドイツやアイルランド、ロシアなどで大変に普及しました。次にジャガイモの起源を示す世界遺産をみることにします。

(46) 聖都カラル・スーペ(ペルー)

この世界遺産は古代アンデス文明の遺跡で、ペルーの首都リマの北にあるスーペ渓谷に位置しています。インカ文明などアンデス諸文明に先立って成立した南米最古の都市遺跡で、五〇〇〇年前から四〇〇〇年前にかけて栄えたことがわかっています。現在は砂漠地帯になっている六〇平方キロメートルの遺跡からは、神殿とみられる大型の建造物をはじめ円形の広場や三〇〇〇人以上が居住した住居群が発掘されています。

カラル遺跡では武器や城壁は発見されていません。戦いで傷ついたとみられる人骨も見つかっていません。その一方で、祭礼が行われた円形の広場から、鳥や獣の骨で作った笛などの楽器が発見されています。また、薬物としてのコカインを抽出できるコカの木を栽培していた痕跡も見つかっています。カラルの人々は祭礼の儀式を中心にした穏やかな暮らしをしていたものとみられます。

カラル遺跡の円形広場

スーペ渓谷一帯にはカラルのほかにも一九の神殿遺構が発見されています。遺跡の構造はカラルに似ており、神殿に小さな祭壇や環状列石を備えています。当時の人々にとってスーペ渓谷一帯は宗教的な聖地だったのでしょう。エジプトで大ピラミッドが作られたころとほぼ同じ時代で、日本列島では縄文文化の最盛期でした。

【南米から世界に拡がったジャガイモ】

これまでみてきたように、世界の四大古代文明やメソアメリカ文明を支えた経済的な基盤はムギ、コメ、トウモロコシの穀物農耕でした。これに対し、アンデス文明はジャガイモ、サツマイモ、キャッサバなど塊茎類を主な食料資源にしていました。なかでもジャガイモはペルー南部にあるチチカカの湖畔が原産地とされ、カラル遺跡でも主要な食物になっていました。

チチカカ湖は標高三八一〇メートルの高地にあり、寒冷地でも栽培されるジャガイモが主要な食料資源として選ばれたのでしょう。一五世紀の終わるころ、コロンブスが新大陸を「発見」し、これをうけて南米大陸に進出したスペイン人がジャガイモをヨーロッパに持ち帰りました。

ジャガイモは芽に毒の成分があるため、食用ではなくナス科の花として

ペルー・チチカカ湖の風景

持ち帰ったのですが、品種改良の結果、寒冷な土地でも栽培できる食品としてヨーロッパ各地に広がりました。ドイツ、ロシア、アイルランドなどヨーロッパ北部の国々では大切な食料資源になっています。

日本へはインドネシアのジャカルタから伝わってきましたが、「ジャカルタから来たイモ」がつまって「ジャガイモ」になったといいます。天候不順で飢饉がおこったとき、寒冷地でも生育するジャガイモが人々の命を救ったこともあり、ジャガイモを「お助けイモ」という地方もあるようです。

(47) クックの初期農耕遺跡(パプア・ニューギニア)

かつてニューギニア島の西半分はオランダの植民地であり、東半分の北側がドイツ、南側がイギリスの植民地でした。第二次世界大戦では、英独の植民地をうけついだオーストラリア軍とニューギニアに進攻した日本軍の間の戦場となり、日本軍は熱帯雨林のなかで補給を断たれて悲惨な運命をたどりました。歴史の曲折を経て、現在、ニューギニア島の西半分はインドネシアの一部となり、東半分はパプア・ニューギニアを名乗る独立国になっています。

ニューギニア島の中央には四〇〇〇メートル級の高山が東西に走っていますが、

この山脈の山間部、標高一五〇〇メートルの湿地帯にこの世界遺産はあります。植民地時代はコーヒー農園などの開拓が行われましたが、戦後の学術調査によって、この地に人類にとって最古級の初期農耕遺跡があることがわかりました。

遺跡のうち最も古い遺跡は七〇〇〇年から一万年ほど前に遡るもので、タロイモやヤムイモを植えていた穴やイモの加工に用いた石器が発見されています。次の時代の遺跡としてはバナナやヤムイモを栽培するために作られた盛土の遺構で、六五〇〇年前に作られたとみられています。さらに、湿地の排水用に作られた水路の遺構も発見されており、四〇〇〇年あまり前には農地改良が行われていたことを示しています。

タロイモはサトイモに近い塊茎類、ヤムイモはヤマノイモ類の一種で、ともに熱帯アジアやアフリカで現在も重要な食物になっています。クックの初期農業遺跡は、他から隔絶した地域で先史時代の初期農耕が開始されていた事実を示すものであり、農業技術の歴史を物語る貴重な遺跡として世界遺産に登録されました。

世界最古級の農耕遺跡

【コラム④いつ漁がはじまったか】

先史時代の洞窟壁画や岩絵には、大型獣の狩りの様子や獲物の姿が描かれていますが、川や海で漁をしている姿は描かれていません。氷河時代の人類にとって、海や大河はとても近づける場所ではなかったのでしょう。

アメリカの人類学者によりますと、人類が海や河川の食物資源を利用するようになったのは後期旧石器時代の終わりごろ、つまり一万年前くらいのことで、それ以前の遺跡からは漁撈に関係する遺物が見つかることはないそうです。氷河時代のヨーロッパや西アジアの遺跡はそうでしょうが、日本列島は違います。

沖縄本島南部にある旧石器時代のサキタリ洞遺跡では、二万年以上前の地層から断片的な人骨とともに巻貝を加工した釣り針が出土しました（152ページ）。また、日本各地の縄文遺跡では釣り針、漁網の残欠、石のオモリ、さらには海獣を仕留める銛などの道具類とともに多種多様な魚介類や海獣の骨が出土しています。

温暖な海に囲まれた日本列島では、旧石器時代の早い時期から漁が行われていたことを沖縄の釣り針は物語っています。釣り針が見つかったというと、釣り糸はどうしていたのか、気になります。糸は残りにくいのでわかりませんが、おそらく自生している葛や麻の繊維を撚って糸を作っていたのではないでしょうか。

3 さまざまな暮らしと住まい　～海辺と砂漠と草原で～

肥沃な三日月地帯からニューギニアまで、農耕の起源を示す世界遺産をたどってきました。保存のきく穀物の栽培は食料の蓄積を可能にし、古代文明の経済的基盤になったことが読み取れます。しかし人類は農耕と牧畜だけで生きてきたわけではありません。海辺や草原、砂漠などさまざまな風土に適応した暮らし方をしてきました。世界各地に残された多様な暮らしと集落の姿をみることにします。

(48) サムール・デルタ(セネガル)

アフリカ大陸の西海岸、熱帯地方のセネガルにはサムール川の河口付近に形成された大きな三角州があり、西アフリカ屈指の野鳥の繁殖地になっています。マングローブの林に覆われたこの三角州には多くの貝塚群と墳墓があり、この海辺で数千年にわたって暮らしてきた漁労採集民の生活を伝えるものとして世界文化遺産に登録されています。

発見された貝塚の数は二一八か所。この地で暮らしていた人々は干

サムール・デルタの環状列石

潟の海辺で採集した貝類を原料にして干し貝を作っていました。その貝殻が積り積もって貝塚が形成されたもので、大きなものは高さ一〇メートル、長さ一〇〇メートルもあります。干し貝の加工は今も行われています。海水で煮詰めたうえ天日干しをするため、塩分が濃厚ですが、内陸部に運ばれ、塩分の補給に利用されていたそうです。

この三角州には二八の古墳の丘があります。古墳からは内陸部で生産された金属製品などが出土しており、海辺と内陸部の交易が行われていた歴史を示しています。この三角州は魚介類が豊富で、この海で獲られたエビは近年、ヨーロッパに輸出されています。

バイソンの剥製の展示

(49) ヘッド・スマッシュド・イン・バッファロー・ジャンプ(カナダ)

この遺跡はカナダの西南部、カルガリーから一五〇キロほど離れた広い草原地帯にあります。この草原に生息していたアメリカ野牛（バッファロー）の群れを追い立て、逃げ場を失って崖に飛びこんだ群れを仕留めた狩り場です。崖の長さは三〇〇メートル、高さは一八メートルあって、崖の下には解体された野牛の骨が堆積していました。

こうした狩猟は五五〇〇年前にはじまり、先住民のブラックフット族によって一九世紀まで行われていました。ペルーの洞窟遺跡にグアナゴ（ラマの一種）を柵に追い込む狩りの岩絵がありますが、第Ⅱ章でみたように、人類の狩りの方法は多様でおもしろいと思います。この野牛の追い落としは縄文時代の日本列島で行われていたイルカの追い込み漁を連想させます。

(50) アルプス山系の杭上住居跡群（スイス、オーストリア他）

アルプス山脈の周辺には、氷河の侵食作用によってできた氷河湖が散在していま す。そのなかの一つ、スイスのチューリッヒ湖で、今から一六〇年あまり前に旱魃で水位が下がったときに、湖底から先史時代の住居跡が姿を現しました。湖底に杭を打ち込み、その上に木造の住居を建てたもので、数千年前のものとわかりました。これがきっかけになって、アルプス山脈周辺の湖や湿地で考古学の発掘調査が続けられ、多くの杭上住居遺跡が発見されました。いずれも水没していたため保存状態は良く、住居跡からは農器や漁具、武器、アクセ

復元された杭上住居遺跡
（イタリア）

サリーなど多種多様な生活用品が発見されました。また出土した有機物からムギの栽培やウシの飼育が行われていたことがわかっています。

アルプス周辺の杭上住居遺跡は、**ヨーロッパ各国であわせて**九七三ヵ所で発見されています。このうち一一一ヵ所の杭上住居跡がヨーロッパで農耕がはじまったころの様子を示す遺跡として評価され、世界遺産に登録されました。この世界遺産はスイス、オーストリア、ドイツ、フランス、イタリア、そしてスロヴェニアの六カ国にまたがっています。

もっとも古い遺跡は北イタリアのヴァレーゼ湖畔で発見された遺跡で、七〇〇〇年前に遡るとみられています。新しい杭上住居遺跡はスイス西部のヌーシャテル湖畔にあるラ・テーヌ遺跡で、この遺跡は二五〇〇年前のものと考えられています。新石器時代から鉄器時代まで四五〇〇年もの間、湖上住宅が続いていたわけで、なぜこういう暮らし方を選んだのか、謎が残ります。外敵を避けるためだという説や少しでも農地を確保するためという説もありますが、確実な証拠はありません。

面白いのはスイスの中央部、ツーク湖のあたりに、「湖に沈んだ町」という伝説が残っていることです。湖の妖精が人間に恋をして結婚し、湖底で暮らしはじめるが、夫が故郷を懐かしむ姿をみて気の毒に思い、魔法で町全体を湖底に沈めてしまったという伝説です。いまでも湖の底から教会の鐘の音が聞こえるというのですが、ツーク湖では湖底から杭上住居遺跡が発見されています。この伝説ははるかな昔、湖上の集落が湖に沈んでしまったころの記憶をとどめているのかもしれません。

（51）メイマンドの文化的景観（イラン）

ペルシャとよばれてきたイランは中東きっての大国です。かつて仕事の関係でイランを訪れたとき、首都のテヘランから古都イスファハーンへの航空便で眼下の光景を目にしたことがあります。西のザグロス山地には緑も見えましたが、東の方は広大な砂漠が広がり、どこまでも乾ききった大地が続いていました。

世界遺産のメイマンドはイランの南東部、山岳地帯の渓谷にある小さな村落で、ここに住む人々は季節によって家畜とともに移動する暮らしを続けています。冬の間は、岩を掘って作った独特な岩窟住居で過ごし、春になるとヤギやヒツジとともに牧草を求めて草原に移動します。きわめて熱くなる夏の間は標高の高い山の牧草地に移動し、冬になると低地の岩窟住居に戻ってくるという遊牧生活です。果樹の栽培などもしていますので、半農半遊牧

メイマンドの遊牧民

の暮らしといった方が正確でしょう。

季節移動型の遊牧生活がいつはじまったのか。イラン高原で人類の定住生活がはじまった一万二〇〇〇年前から続いているという説や八〇〇〇年前までしか遡れないという説など諸説があってわかりませんが、少なくとも二〇〇〇年前から現在まで遊牧生活の文化的景観が継承されてきたことが評価されて世界遺産になりました。

（52）シャフリ・ソフタ（イラン）

この世界遺産はイランの南東部、アフガニスタンとパキスタンとの国境に近い乾燥地帯にあります。日干しレンガを積み上げて作った大規模集落の遺跡で、五〇〇〇年前の青銅器時代に建設されたといいます。

この遺跡からはラピス・ラズリやトルコ石などで作った宝石の装身具に加え、作業過程で生じた宝石類の石くずが大量に見つかっています。ラピス・ラズリはエジプトでも珍重された宝石で、産地はイランに隣接するアフガニスタンです。この遺跡は宝石類の加工拠点であり、中東地方の東西交易の中継地でもあったのでしょう。

ところがシャフリ・ソフタの集落遺跡は最盛期の時代に火災にあい、忽然と廃墟

シャフリ・ソフタ遺跡

になりました。建物の梁材や炭化したむしろが見つかり、杵をもったままの男性の焼死体も発見されました。シャフリ・ソフタはペルシャ語で「焼失の町」を意味します。文字通り、猛火をうけて廃墟になったのでしょう。

現在のイラン人は印欧語族アーリア人の子孫ですが、アーリア人が黒海やカスピ海の北方からイラン高原に移住してきたのは三五〇〇年前。当時、イラン高原にいた先住民がどんな民族であったのか、よくわかりません。この遺跡の最下層からシュメール人との関係を思わせる印章が発見されており、あるいはシュメール系の人々であったかもしれません。

（53）サラズムの遺跡（タジキスタン）

この遺跡はタジキスタン北西部の低地にある広さ一〇〇ヘクタールの集落遺跡で、日干しレンガで作った多数の住居をはじめ穀物庫や礼拝所などが発掘されています。この遺跡の住民は中央アジアの農耕民で、農耕とともにウシを飼い、各種の手工芸品を製造していました。宝飾品の加工作業所や土器の工房が見つかっています。

遺跡の年代は六〇〇〇～五〇〇〇年前。住民は宝飾品などの交易で富を得て都市を形成していました。「サラズムの王女」と名付けられた女性の墓からは金やビーズで作られた豪奢な副葬品のほか殉死者が発見されています。すでに階層の分化が進んでいたことを示しています。神殿とみられる建物のうち、四角い壁で囲われた部屋には丸い石台があり、火を扱った痕跡があるといいます。後世の拝火教につながるような「火の崇拝」がすでに存在したのかもしれません。

サラズムの遺跡から西へ五〇キロのところにウズベキスタンの古都サマルカンドがあります。サマルカンドはシルクロードのほぼ中央にある交通の要衝で、ここを拠点にしたイラン系のソグド人は商才にたけ、ユーラシア大陸を東西に、また南北にむすぶ交易の主役を演じていました。モンゴル帝国がユーラシア大陸の西へ向かって進撃したとき、抵抗したサマルカンドは悲惨な運命をたどりました。

サラズム遺跡

今、習近平体制の中国は「一帯一路」の戦略のもとに、中央アジアの国々と関係を深めようとしています。古来、東西交流の道にあった国々の興亡の歴史を想い浮かべながら、現代の「一帯一路」戦略がどのような展開を見せるのか、見守っていきたいと思います。

【先史時代からのメッセージ】

現代の地球社会はどこの国に行ってもさほど違わない暮らしが営まれています。街中を走る車、ジャケット姿の若者、家のなかのテレビとパソコン…。情報化の進展とともに地球社会の画一化が進みました。

しかし、先史時代の暮らしや集落の姿を示す世界遺産をみていますと、人類の文化は実に多様であったことがわかります。気候風土に合わせて農耕、遊牧、漁労など生業の形はさまざまで、衣・食・住の生活様式も多様な姿を見せています。先史時代から引き継がれてきた伝統的な生活文化を見つけ出すこともできます。

人間の暮らし方が画一的になりがちな現代にあって、人類の文化は多様であったことを忘れないで欲しいと先史時代の世界遺産は語りかけているようです。

第Ⅳ章　謎に満ちた巨石文化

先史時代の巨大な神殿やストーンサークルなど巨石で建造した祭祀の遺跡が数多く世界遺産に登録されています。いつ、だれがどのようにして造ったのか、そこで何が行われていたのか。巨石文化には謎が多く、研究者の見解はいろいろと分かれることが多いようです。

人類は狩猟採集の生活から、農耕を中心にした生活に移行することで、多くの人口を養えるようになった。やがて分業と階級が発生し、共同体を維持する役割を担う宗教的権威が生まれた。この歩みのなかで都市が生まれ、壮大な神殿が営まれた。これが壮大な神殿の発生を説明する通説でした。しかし、二〇一八年に世界遺産に登録されたトルコの先史時代遺跡ギョベクリ・テペは、狩猟採集の時代に壮大な神殿が造られていたことを明らかにしました。

この遺跡の発掘はまだ始まったばかりで、遺跡の全容は明らかになっていません。従来の通説を覆す事実に、関係の研究者たちは人類史の書き換えにつながる発見だと驚いていますが、ギョベクリ・テペについて少し詳しくご紹介しましょう。

（54）ギョベクリ・テペ遺跡（トルコ）

この世界遺産はトルコ・アナトリア地方の南東部、シリアとの国境に近い標高七〇〇メートルあまりの丘陵地帯にあります。ユーフラテス川の上流地域にある新石器時代初期の遺跡で、現地の言葉でギョベクリは「太鼓腹」、テペは「丘」を意味します。この地名の通りこんもりとした丘で、高さは一五メートル、直径はおよそ三〇〇メートルもあります。

この遺跡の発掘調査がはじまったのは一九六三年、イスタンブール大学とシカゴ大学の共同調査でした。このときの調査では、はるか後世の中世の墓地遺跡と考えられていましたが、一九九四年になってドイツ考古学研究所のクラウス・シュミット博士はもっと古い先史時代の遺跡ではないかと考え、翌年、地元のシャンルウルファ博物館とともに再調査に乗り出しました。

本格的な発掘がはじまってすぐ、円形に並んだ大きな石柱群が次々に発見されました。これまでに石柱群は四つ発見されています。石積みの分厚い内壁があり、高さがほぼ同じ石柱が内壁にはめ込まれ、中心部にはやや高めの石柱が向き合う形で立てられていました。石柱は上部が左右に広がるT字型で、大きなもので高さ五メートル、重さは一〇～二〇トンもあると推定されています。

円形の直径は一〇～三〇メートル、中央の石柱は屋根を支えていたのかもしれません。T字型の石柱には、抽象的で謎めいた絵文字のような図像（ピクトグラム）やいろいろな動物の彫刻（レリーフ）が施されており、神殿として建造されたものと考えられています。この遺跡の丘には、石材を切り出したとみられる石灰岩の石切り場跡が発見されており、長さ七メートルの未完成の石柱もありました。

調査団が行った地磁気調査によりますと、まだ発掘されていない地面の下に、円形に並んだ石柱群が十数か所もあるということで、ギョベクリ・テペの神殿は全部で二〇ヵ所以上、石柱も二〇〇本を超えるだろうということです。ギョベクリ・テペは巨大な円形石柱神殿の集合遺跡でした。

遺跡の丘は三重の層に分かれていて、一番下の層からこのような神殿群が発見されています。その上の層からは小さな長方形の部屋が発見され、部屋の中央にはいくらか小ぶりなT字型の石柱が据えられていました。一番上の層は遺構が神殿として使われなくなった後、土に埋もれ、長年にわたって農耕地として使われていました。

世界の考古学者を驚かせたのはギョベクリ・テペの神殿群が建造された年代でした。一番下の地層から出土した遺物（木炭）の放射

ギョベクリ・テペの遺構

性炭素年代測定によって、この円形石柱群の遺跡は一万一〇〇〇～一万二〇〇〇年前に造られていたことが明らかになったのです。これは氷河時代の終末期から新石器時代の初期にあたる年代で、農耕の開始より二〇〇〇年以上も前に遡る狩猟採集の時代になります。狩猟採集民が大がかりな神殿を築造していたことになり、農耕の時代になって神殿が造られたとする従来の通説を覆す発見として研究者たちを驚かせました。

一体、誰が、どのようにして、この神殿を建造したのでしょうか。いろいろと謎があります。

まず、ギョベクリ・テペの神殿群を造ったのは誰か。石柱に描かれた動物のレリーフにはライオン、ウシ、イノシシ、キツネ、ガゼル、ロバなどとともにハゲワシが描かれています。おそらく、こうした動物の狩りをしていた狩猟採集民がギョベクリ・テペの神殿群を造ったのでしょう。

第Ⅲ章でとりあげたトルコの世界遺産チャタル・ホユックは同じアナトリア地方にある九五〇〇年前の初期農耕遺跡です。ここでは日干しレンガで造った住居の壁画にハゲワシが舞い降りる場面が描かれていて、鳥葬が行われていた可能性があることを紹介しました。ギョベクリ・テペの石柱にハゲワシのレリーフがあることは、ひょっとすると、この両者に関係があるのかもしれません。

ギョベクリ・テペが築造されたのは旧石器時代から新石器時代に移行したばかりのころです。数十トンもある巨大な石柱をどのようにして切り出し、どのようにして運んだのか。採石場から神殿を築造したところまで運ぶには、少なくとも数百人の人手が必要だと見込まれています。狩猟採集の時代にそのような社会的組織があったのか。謎は深まります。

ところがギョベクリ・テペの周辺には水場がなく、人間が定住した痕跡は発見されていません。人々はここで祭祀が行われるときにだけ集まってきて、祭祀が終わると、散っていったのでしょうか。このほか石柱に彫られた動物たちのレリーフは何を意味するのか。祭祀を司る人はいたのだろうか。わからないことばかりです。

ギョベクリ・テペの発掘調査をしたシュミット博士はギョベクリ・テペを祖先崇拝の中心地で、石柱に掘られた動物のレリーフは死者を守る意味をもつと考えていたといいます。シュミット博士は考古学者のトルコ人女性と結婚し、現場近

いろいろな動物の
レリーフがある石柱

くに家を購入してこの遺跡の調査研究に取り組みました。二〇一四年に亡くなりましたが、次世代の考古学者たちの手でギョベクリ・テペの謎が解明されることを信じていました。

これまでの発掘調査は遺跡全体の五パーセントにすぎないといいます。今後の調査研究によって、人類史に何が加わるのか、期待して見守りたいと思います。

(55) マルタの巨石神殿群(マルタ)

地中海に浮かぶマルタ共和国のマルタ島とゴゾ島。二つ合わせても淡路島の半分ほどの小さな島に先史時代に造られた巨石神殿群があります。これまでにおよそ三〇の巨石神殿が発見され、このうちゴゾ島にあるジュガンティーヤ神殿やマルタ島にあるタルシーン神殿など六つの神殿遺跡が世界遺産に登録されています。

ジュガンティーヤ神殿は石を積んで造った半円形の部屋が左右に向き合う形で築造され、その楕円形の空間が四つあります。左側の二つの部屋は紀元前三六〇〇年ころに造られた最古の神殿で、大神殿とよばれています。右側の二つの部屋は紀元前三三〇〇年ころに造られたもので、小神殿とよばれています。二つの神殿とも

ゴゾ島のジュガンティーヤ神殿

中央は通路でつながっており、通路の奥は半円形の部屋になっています。

大神殿と小神殿をとりまく形で外壁が設けられ、巨大な石を組み合わせて外壁を造ったことがわかります。外壁の高さはおよそ八メートル。大きな石は数トンあるとみられ、大小ばらばらな石を巧みに組み合わせた先史時代の人々の技術力が光ります。

タルシーン神殿など他の巨石神殿も石積みの半円形の壁を向かい合わせに造る構造は同じです。紀元前二五〇〇年ころに造られたタルシーン神殿の第三神殿は現存する神殿群のなかで最後に造られた神殿だということです。このような形にこだわったのはなぜか。女性の豊満な身体を表現したのではないかという説があるようです。つまり、通路の奥の部屋は女性の頭、なかの楕円形は女性の乳房、入り口の方の楕円形は豊かなお尻を表現しているという見立てです。マルタの巨石神殿群からは大小の女神像が数多く発掘されています。タルシーン神殿で発見された太った女神の下半身像はスカートをはいた高さ二・五メートルのもので、「豊穣の女神」を表したものとされています。またいろいろな動物をかたどった像も多数出土しているほか、動物の骨も見つかっています。そこで、マルタの巨石神殿は女神に生贄を捧げて豊穣を祈る祭祀の場であったと考えられています。

謎はまだあります。マルタの巨石神殿では、動物のレリーフのほか渦巻きの文様が彫られていることが目をひきます。「生命力」や「再生」のシンボルということですが、私は写真を見ながらどこか縄文土器の渦巻き文様と似ているという感想をもちました。ジュガンティーヤ神殿の入り口は東を向いており、ほかの神殿もそれぞれ太陽の運行に関係する方角を向いて築造されているそうです。

この神殿群を造ったのは誰か。マルタ島の北にあるイタリアのシチリア島産の黒曜石や燧石が大量に発見されています。これは七〇〇〇年くらい前にシチリア島からマルタ島に渡ってきた農耕民が持ち込んだもので、定住した彼らがやがて巨石文化を開花させたと考えられています。しかし、この巨石文化を創り出した人々は紀元前一八〇〇年ころ、マルタ島から姿を消してしまいました。彼らがどんな民族で、どこから来てどこへ去ったのか、謎のままです。

タルシーン神殿の渦巻文様

（56）ハル・サフリエニ地下墳墓（マルタ）

マルタ島には、巨石神殿群とともに地下迷宮のような先史時代の墳墓遺跡があり、貴重な建造物遺構として世界遺産に登録されています。この遺跡は二〇世紀初め、宅地開発の工事をしていた際に、偶然、地下に空間が現れ、先史時代の遺跡が見つかりました。

静かな住宅街にあるこの地下墳墓は三層構造で、三八の石室があります。地下をくり抜いて作ったそれぞれの石室は複雑な迷路と急な階段でつながれ、第二層にある「神託の部屋」は男性の野太い声だけが力強く反響する仕掛けが施されています。この地下迷宮のような建造物は紀元前二四〇〇年ころに建造されたもので、祭祀の儀式が行われていたと考えられています。

第二層の中央にある円形の部屋からは、「眠れる貴婦人」と名付けられた女性像が見つかりました。幼な子に添い寝をしているように見える豊満な女性像で、生命を育む地母神を表しているといわれます。このほかにも乳房や下半身が豊満な女性像が数多く見つかっていて、この地下迷宮は豊穣の祈りをささげる祭祀の場であったと考えられています。

この祭祀の場はのちに共同の地下納骨堂ともいえる設備に転用さ

ハル・サフリエニ地下墳墓

れたとみられ、あちこちの石室から七〇〇〇人分の人骨が発見されました。第二層の別の円形の部屋は滑らかな壁面が渦巻きなどの文様で埋め尽くされています。この文様はマルタの巨石神殿で多く見つかった渦巻き文様と同じもので、やはり「再生」の祈りを込めたものでしょう。先史時代に生きていた人々の「生と死」への思いがうかがわれます。

（57）アンテケラのドルメン遺跡（スペイン）

この世界遺産はスペインの南部、アンダルシア地方のアンテケラにあります。メンガとヴィエラという二つのドルメン（支石墓）とエル・ロメラルの円形墳墓がヨーロッパの巨石文化を代表する遺構と評価され、世界遺産に登録されました。この世界遺産には不思議な景観の二つの巨大な岩山が含まれています。

ドルメンは墓室を囲むように複数の支石を並べ、その上に巨大な天井石を載せる形の墳墓で、ヨーロッパでは新石器時代から青銅器時代の初期にかけて大西洋沿岸の地方を中心に盛んにドルメンが建造されました。フランスのブルターニュ地方に多くみられます。ドルメンという言葉はこの地に住んでいたケルト民族の一派であるブルトン人の言葉で、「石の机」を意味します。　メンガのドルメンは三二個の巨

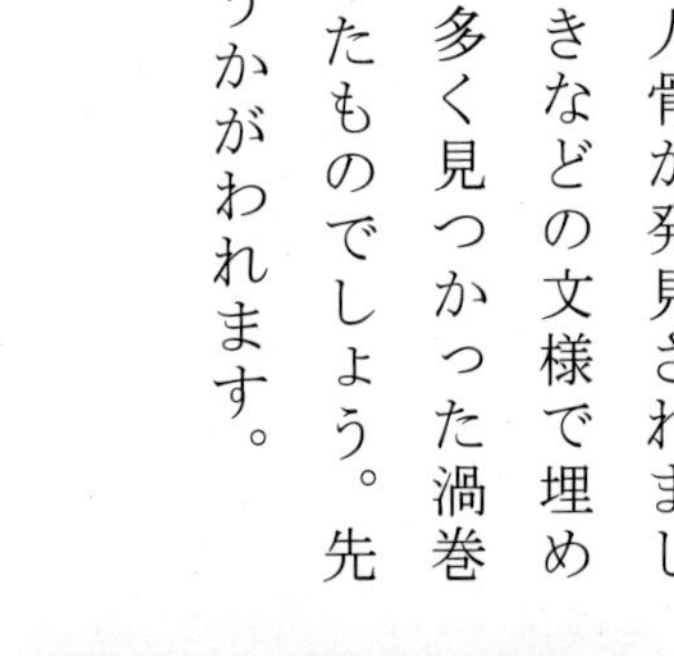

地母神像「眠れる貴婦人」

石が用いられていて、最大の巨石は一八〇トンもあるといいます。墓室への通路（羨道《せんどう》）を備えたヨーロッパ屈指の規模で建造され、全体が土で覆われていました。建造されたのは五八〇〇年前に遡ると推定され、当時の支配者階級の墳墓と考えられています。このドルメンが発掘されたときには、数百人分の人骨が発見されたといいます。

この近くにあるヴィエラのドルメンも五〇〇〇年以上前に建造されたとみられ、メンガと同様に巨石を直立させる技法で天井石を支えています。墓室は高さ二メートルあまりの長方形で、墓室にいたる長さ二一メートルの通路は数十センチの厚みをもつ二七個の巨石が並んでいます。墓室から人骨や副葬品は見つかっていません。夏至の日には東向きの入り口からさしこむ陽光が墓室に届くということです。

エル・ロメラルの円形墳墓は二つのドルメンから少し離れた場所にあり、建造された時代も三八〇〇年前のころということです。大小二つの円形の墓室があり、長い壁をもつ通路が設けられています。これらのドルメンを建造した人々はどんな民族か、興味をそそられます。

アンテケラのドルメン

近年、急速に発展している分子人類学の研究成果によりますと、ヨーロッパの巨石文化を担った人類は、父系で遺伝するY染色体の分類でハプログループ G2a に属する人々だということです。このグループはコーカサス地方に多い人種で、西アジアではじまった農耕を身につけ、八五〇〇～六五〇〇年前に西ヨーロッパまで広がりました。農耕が拡がるにつれて支配階層が生まれ、その墳墓は土を盛った素朴な墓から支石墓へ発展したと説明されています。

ところが西ヨーロッパの巨大な支石墓、ドルメンは三五〇〇年前のころから急激に減りました。このころの地球は寒冷化が進行し、世界各地で大規模な民族移動がはじまっています。ヨーロッパでもギリシャ人の南下やケルト人の西進など民族移動が起こっています。ドルメンの衰退はこうした気象変動による社会変化の跡を示しているのかもしれません。

ドルメンの内部

(58) ブルー・ナ・ボーニャーボイン渓谷の遺跡群(アイルランド)

ユーラシア大陸の西の端、アイルランドにもブルー・ナ・ボーニャとよばれる先史時代の遺跡群があります。ブルー・ナ・ボーニャはアイルランドの中央平原を流れるボイン川下流域の地名で、古いアイルランドの言語、ゲール語で「ボインの宮殿」を意味します。

このボイン川の流域一帯は新石器時代の遺跡が点在する地域で、川が屈曲する小高い丘の上に巨石で建造した三つの大きな墳丘墓が世界遺産に登録されています。ニューグレンジ、ノウス、ドウスとよばれる古墳で、紀元前三二〇〇年ころに建造されたとみられています。

このうちニューグレンジの古墳は土と石で造った直径およそ八〇メートル、高さ一二メートルの扁平な円墳で、入り口側の外周は白い玉石を積んだ石壁で囲まれています。墳丘の裾には、九七個の大きな石が環状に並べられています。写真は一九七〇年前後に発掘と復元の工事が行われたあとのもので、古色蒼然とした日本の古墳を見慣れた眼にはちょっと違和感を覚えます。

この古墳の構造をみますと、人ひとりが通れるほどの狭い通路（羨道）が入り口から奥へ伸びていて、一八メートル先に墓室と思われる部屋（玄室）が十字型に三つ配置されています。天井石を壁の石が支える支石墓ですが、ここの玄室の屋根は一枚岩でなく、平らな石が周り

ニューグレンジの巨大古墳

からせりあがる造りになっています。この支石墓を土で覆った円墳は建造後五〇〇〇年経っていますが、墓室に雨水が入ったあとはなく、昔の人の技術水準の高さを感じます。

この墓室に入る通路の入り口には、重さ五トンの自然石が置かれています。この巨石には大小五個の連続渦巻文が刻まれており、周囲の余白は波型文や菱形文などの文様で埋められています。また墓室でも渦巻文の文様があちこちに刻まれています。これらの文様は単なる装飾なのか、何か祈りをこめて刻んだのか、巨石に刻まれた先史時代の文様はなにを意味するのでしょうか。

羨道入口の巨石に渦巻文

渦巻文は「蛇のとぐろ」や「へその緒」を象ったもので、「再生」と「生命」の循環を象徴しているといわれます。墳丘墓の大切なところに渦巻文が刻まれたことは「死者の再生」を祈る呪術の表現であったかもしれません。マルタの巨石神殿群にも渦巻きの文様が数多く描かれていましたが、これは縄文時代の土器や土偶でもしばしば見かけます。女性の腹部に渦巻文を表した土偶も見つかっており、渦巻文は「多産」の祈りを示すという見方もあります。

ブルー・ナ・ボーニャの墳丘墓が造られた五〇〇〇年前は縄文時代の中期にあたります。ユーラシア大陸の東西に遠く離れたヨーロッパと日本列島で、同じような渦巻文が使われていたことは不思議なことです。

さらに驚くことが二つあります。

ニューグレンジの遺跡では冬至の日の明け方、羨道の入り口からさしこむ陽光が長い羨道を通って奥の墓室に届くのです。このための仕掛けは入り口のすぐ上に設けられた小窓で、陽光が差し込む角度にあわせて小窓が設けられています。ドウスの遺跡でもこれと同じように冬至の陽光が羨道にさしこむようになっています。

昼間が最も短い冬至は太陽が復活、再生する日として世界各地でいろいろな形で祝われてきました。ブルー・ナ・ボーニャの遺跡を造った人々も「新しい生命の誕生」「死からの復活」を祈って、この巨大な墳墓に冬至の陽光がさしこむ仕掛けを造ったのでしょう。

秋田県の縄文遺跡、大湯環状列石では日時計のような石組みの

羨道にさしこむ太陽の光
（アイルランド大使館資料）

立石があり、環状列石の中心とこの日時計を結んだ線上に夏至の日の太陽が沈みます。第Ⅶ章で紹介しますが、日本列島の縄文遺跡では夏至・冬至、春分・秋分のいわゆる二至二分の日の太陽の運行を意識した遺構が各地で見つかっています。先史時代の人類は洋の東西を問わず、太陽の運行をしっかりと観測し、「死と生」の観念と結びつけていたのでしょうか。

ニューグレンジの遺跡の近くに「タラの丘」とよばれるアイルランドの人々の心の故郷があります。アイルランドの伝説によりますと、祖先であるケルト人の王たちがこの「タラの丘」で即位の儀式を行ったという聖地で、この丘の中央に日時計の形をした立石があります。近年の研究によりますと、この立石はケルト人がアイルランドに移動してくるずっと前の時代である五〇〇〇年前のもので、ブルー・ナ・ボーニャの遺跡群と同じ時代だといいます。

それにしても大湯環状列石の「日時計」となんと似ていることか。ユーラシア大陸の東の端にある日本列島の縄文遺跡と西の端にあるアイルランドの先史時代遺跡がこのように似ていることはなぜなのか。民族の移動でアイルランドの文化が日本列島に伝えられたとは考えられません。人類は同じことを考える。その結果、同

タラの丘の立石

じ文化が生まれた。つまり、人類文化の共通性を示しているのではないでしょうか。

(59) 新石器時代の遺跡の宝庫　オークニー諸島(イギリス)

オークニー諸島はイギリス・スコットランドの北端、北海と大西洋に面した大小七〇の島々です。そのなかで最大のメインランド島に新石器時代の集落や環状列石などの遺跡が残されており、四つの遺跡が世界遺産に登録されています。四つの遺跡はスカラ・ブレイの集落遺跡、メイズハウの円形墳墓、そしてストーンズ・オブ・ステネスとリング・オブ・ブロッガーの環状列石遺跡です。

オークニー諸島に人類が住みはじめたのは今から六〇〇〇～七〇〇〇年前、氷河時代が終わって地球が温暖期に入ってからのことでしょう。農耕技術を身につけた人々がイギリスの大ブリテン島の西海岸を北上し、オークニー諸島に住みついたとみられています。彼らは海岸地帯にみられる砂岩を使って住居を作りました。

スカラ・ブレイの集落遺跡は地下シェルター式の石積みの住居が一〇棟密集した集落で、紀元前三一〇〇年から紀元前二五〇〇年ころまでここで定住生活が営まれていたといいます。屋根の上は貝塚の地層

スカラ・ブレイの集落遺跡

で、住居の広さは平均して四〇平方メートル。住居には炉や排水の設備が備えられ、石造の椅子や箱などの家具類が残されていました。

地下シェルター式の住居はオークニーの厳しい寒さをしのぐためですが、地球の気象変動で寒冷化が進んだ紀元前二五〇〇年ころにこの集落は放棄されたとみられています。どこから来てどこに去ったのか、謎は解明されていません。

メイズハウの遺跡は直径三五メートル、高さ七メートルの円形墳墓で、石組みの墓室にいたる狭い羨道を備えています。墳墓の近くには住居跡があり、集落の指導者的な人物を埋葬したものでしょう。この遺跡も冬至のころ、夕陽の光が羨道にさしこみ、奥の石室を照らします。冬至の太陽はやはり「生命の復活」を象徴しているのでしょう。

ストーンズ・オブ・ステネスとリング・オブ・ブロッガーの遺跡はともに環状列石（ストーンサークル）です。ステネスの遺跡は最大六メートルの立石が直径三〇メートルの環状に立てられていました。この環状列石が建造されたのは五〇〇〇年前。中央に石の台があり、火をたいた痕跡が見つかっています。

ブロッガーの遺跡は直径一〇四メートルのストーンサークルで、現在は二七基の石柱が残っています。周囲には深さ三メートル、幅九メートルの環濠が発見されています。これらのストーンサークルはなぜ建造されたのか、ここでなにが行われていたのか、解明されていません。

（60）ストーンヘンジ、エーヴベリーと関連する遺跡群（イギリス）

最後は巨石文化のシンボルといってよいイギリスのストーンヘンジを話題にとりあげましょう。ストーンヘンジは教科書でも紹介される最も有名な先史時代のストーンサークルで、ロンドンから西へおよそ一二〇キロ離れたソールズベリー平原にあります。そこから二〇キロあまり離れたエーヴベリーの遺跡群とともに世界遺産に登録されています。

ブロッガーの環状列石

ストーンヘンジには直径およそ一〇〇メートルの円形の土塁と濠があり、その中心部に直径三〇メートルほどの環状列石が配置されています。現在の環状列石は一七基の立石と五つの横石が残されていますが、もともとは三〇基の立石の上に三〇基の横石を載せる計画だったとみられています。立石の大きさはおよその値で幅二メートル、厚さ一メートル、高さ四メートルで、重さは二五トンになります。

この環状列石の内側にやや小ぶりの石を使った環状列石があり、さらにその内側にストーンヘンジで最も目立つ巨大な石組みがあります。二つの立石の上に横石を載せた石組みで、これをトリリトンといいますが、もともとはこのトリリトンが五組、馬蹄形に立てられていました。現在でも三組のトリリトンが地上に立てられた形で残されています。立石の高さは六～七メートル、重さは五〇トンに及ぶということです。

ストーンヘンジの円形の土塁は北東のところで、土を盛って造ったアヴェニューとよばれる道路に通じています。この道路を二五メートル進んだところにヒールストーンとよばれる高さ六メートルの立石が立っています。夏至の日にはヒールストーンの延長線上から太陽が昇り、ストーンヘンジの中心にある祭壇の石を照らします。遺跡を設計した人は間違いなく太陽の運行についての高い知識をもっていました。

ストーンヘンジ

巨石を組み立てたこの遺構はいつ、どのような方法で建造されたのでしょうか。イギリスの学者たちは今もこの謎に取り組んでいます。ストーンヘンジは時代とともに何度も工事が行われ、姿を変えてきたと考えられています。

最初は紀元前三一〇〇年のころに円形の土塁と濠が造られ、その内側に直径一メートルの木柱の列が円環状にあったのではないかといいます。木柱を建てるための竪穴が五六ヵ所見つかっているからです。この木柱列に代わって巨大な石の柱が据え付けられたのは紀元前二五〇〇年ころと考えられています。トリリトンなどに使われた巨石はサーセン石という砂岩の一種で、三〇キロ離れた石切り場から運ばれてきたことがわかっています。

重さ数十トンもある巨石をどのようにして運んできたのでしょうか。おそらく並べた丸太の上に巨石を載せたソリを置き、大勢の人手でソリを引っ張ったものと考えられます。大変な労力を動員できる社会的な仕組みがあったことを意味しますが、それがどのような社会組織であったか、謎のままです。

ストーンヘンジの北東三キロのところに位置するダーリントン・ウォールで木柱を円形に並べたウッド・サークル（環状木柱列）が発見されました。ここでは一〇〇〇戸を超える巨大な集落が形成されていました。発掘された数々の資料によって、彼らは農耕民であったことがわかっています。この農耕民たちがストーンヘンジの巨石文化を残したものと考えられています。

ストーンヘンジは何の目的で建造されたのでしょうか。古来、魔術師

ストーンヘンジの夕陽

が巨人を使役して作ったとか悪魔が造ったとか、いろいろな言い伝えがありました。また、古代ケルト族の宗教ドルイド教の儀式の場だったという説明が行われていました。しかし、科学的な年代測定によって、ケルト族がイギリスに渡ってくるよりずっと前の時代に建造されたことが明らかになり、この説は否定されました。

現在では、死者を祀るための祭祀の場であったという説が有力とされています。冬至のころ、オークニー諸島を含め各地から人々がダーリントン・ウォールに集合し、アヴェニューの道路を通ってストーンヘンジに向かい、そこで死者のための祭祀を行っていたというのです。

エーヴベリーのストーンサークルも紀元前三〇〇〇年ころの建造で、同じような構造の遺跡を残しています。このような巨石文化を残した人々は農耕民でした。農耕民にとって太陽は生きる力の源泉です。先祖を祀る環状列石の祭祀の場で、人々は太陽の光と先祖の霊によって豊穣の力を与えられると信じていたのでしょう。この信仰は洋の東西を問わない人類共通の祈りでした。

ダーリントンの木柱列〈復元〉

【先史時代からのメッセージ】

先史時代の人類は常に死の危険にさらされていました。狩猟の場で向き合う強い肉食獣だけでなく、餓えや感染症などの病気に怯える毎日でした。とりわけ抵抗力の弱い乳幼児は死ぬことも多かったはずです。それだけに、「生命の再生」を願う心が強かったのでしょう。

アイルランドやマルタ島の遺跡でみた「渦巻文」は「蛇のとぐろ」や「赤ちゃんのへその緒」から来たもので、生命の循環を象徴するという解釈に納得しました。縄文時代の土器や土偶の渦巻文とよく似た文様で、東西に遠く離れた先史時代の人類が同じような渦巻文を残していたことは、人類の文化が根底のところで通じ合っていることを示しているといえそうです。

もうひとつ、先史時代からのメッセージとして「自然に対する畏敬の心」をあげておきたいと思います。

イギリスの世界遺産ストーンヘンジでは、夏至の日に朝日が昇る方角を示す立石があり、その日はストーンヘンジの中心にある祭壇を照らします。スコットランドの北端にあるオークニー諸島の古墳でも、冬至の夕陽が羨道の奥の石室を照らします。またアイルランドの巨大古墳でも冬至の陽光が古墳の羨道を通って奥の墓室に届く仕掛けが作られています。秋田県の大湯環状列石など日本の縄文遺跡にも同じような仕組みが見られます。

先史時代の人々はなぜ、このような巨石のモニュメントを造ったのか。太陽を生命再生のシンボルとして崇める心があったのでしょうが、根底には、人間の力を超えたものに対する言いしれぬ畏敬の念があると思います。独り夜空の下で、きらめく星座を見ていれば、人間はだれでも神秘の力を感じます。星空を見ることが稀になった現代の大都市。先史時代のモニュメントは自然への畏敬の心を忘れないでと、語りかけているようです。

第Ⅴ章　都市文明の曙　～文字誕生の物語～

日本列島の縄文時代は氷河時代の終末期からおよそ一万年にわたって続きました。この時代は考古学の中石器時代から新石器時代に相当します。この間に農耕と牧畜をはじめた西アジアや中国大陸では古代都市文明が生まれ、文字が誕生しました。文字のない先史時代から文字で歴史が記される有史時代に移行する時代の遺跡が世界遺産として各地に残されています。いわば都市文明の曙の時代の世界遺産を訪ね、文明揺籃期の暮らしと集落、そして精神生活の跡を探ってみたいと思います。

1　シュメール人と旧約聖書　～メソポタミア文明の曙～

農耕と牧畜は西アジアの肥沃な三日月地帯ではじまったとされます。イランのザグロス山地からチグリス・ユーフラテス川を遡り、トルコの南東アナトリア地方を経て地中海東岸のレバントにいたる地域です。一万三〇〇〇年前に遡る氷河時代の終末期、この地域に暮らす人々は気象変動のあおりを受けて食料に困り、野生種のムギやマメの栽培をはじめました。

シリアの北部、ユーフラテス川沿いの台地にある**テル・アブ・フレイラ**は農耕がはじまったころの痕跡を残す集落の遺跡で、ライムギやヒトツブコムギなどを栽培していたことがわかっています。一万一五〇〇年前にはかなりの規模の集落が成立し、世界最古の農耕遺跡といわれていますが、巨大なダムの建設によって湖底に沈んでしまいました。

イラクの北東部、ザグロス山地にある**ジャルモ**の農耕村落遺跡でも、野生種と栽培種のオオムギとコムギが出土しました。家畜化されたとみられるヒツジ、ヤギ、ブタの骨が大量に見つかっています。

さらに旧約聖書の舞台でもあるパレスチナの**エリコ**も、初期農耕時代の集落の姿を伝える遺跡です。死海に注ぐヨルダン川西岸にあります。この遺跡は一万年前にはじまった農耕民の集落で、すでに周囲を濠と石積みの防壁で囲っています。農耕の開始とともに戦争がはじまっていたのかもしれません。

これらの遺跡は世界遺産に登録されていませんが、肥沃な三日月地帯とその周辺には、これ以外にも世界遺産に登録された重要な遺跡があります。

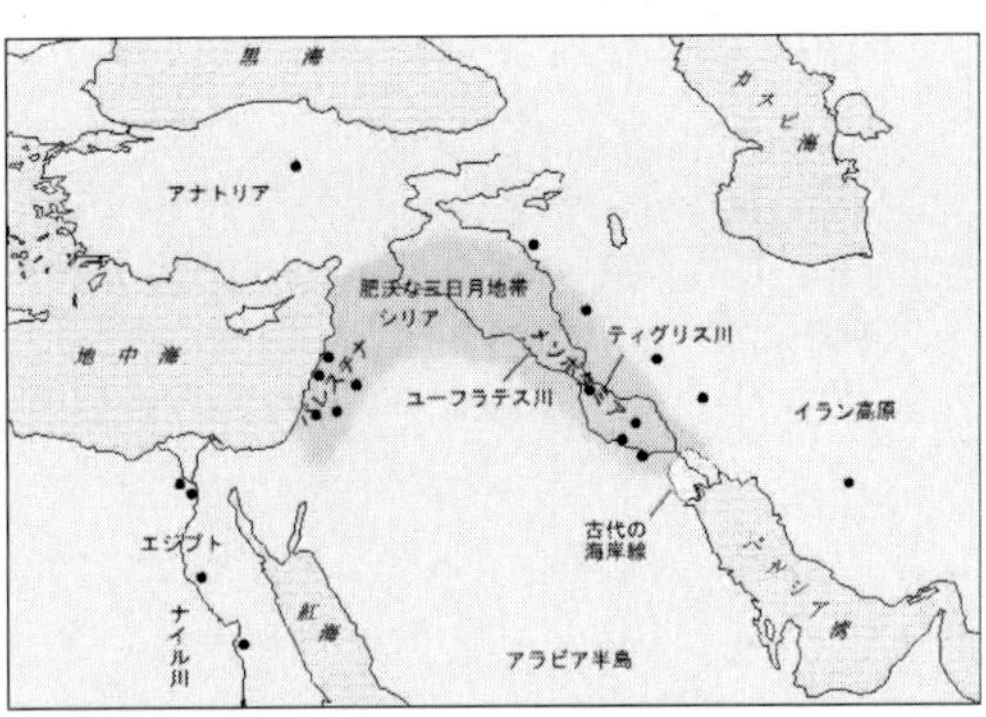

（61）イラク南部のアフワール

―生物多様性の安全地帯とメソポタミア都市群の残存景観―（イラク）★

アフワールというのはペルシャ湾に注ぐチグリス川とユーフラテス川の河口に近い湿原地帯の地名で、この地域に広がる四つの広大な湿原とシュメール人が残した三つの都市遺跡が世界遺産に登録されています。四つの湿原地帯は世界で最も大きな内陸デルタといわれ、渡り鳥など動植物の多様な生態系が見られます。またこの地域で発見されたテル・エリドゥ、ウルク、ウルの三つの遺跡は古代メソポタミア文明の発祥の地として知られています。この遺跡群を残したシュメール人については、**コラム⑤**をご覧ください。

イラクの南部に広がる沖積平野の一角に、**テル・アル＝ウバイド**という先史時代の遺跡の丘（テル）があります。この遺跡はメソポタミア南部の沖積平野で営まれた最古のもので、八五〇〇年前にはじまったとされています。この遺跡で営まれた生活様式をウバイド文化といい、三〇〇〇年近くにわたってメソポタミア南部の湖沼地帯で続きました。

アフアールの湿原

ウバイド文化の時代には、複数の部屋がある日干しレンガの住居が集まった規模の大きい集落が作られ、神殿も出現しました。七〇〇〇年前には運河を張り巡らせた灌漑農耕が行われ、各地に広がっていきます。また集落では家畜の飼育が行われ、黒や褐色の幾何学模様で彩色された土器が使われるようになりました。集落の構成員が平等であった社会構造も変化して、ウバイド時代の後期には神殿や穀倉を管理し、周辺地域との交易をとりしきる世襲の首長も出現していたと考えられています。

【テル・エリドゥの都市遺跡】

世界遺産のテル・エリドゥはウバイド文化時代の後半、七〇〇〇年前に村落が形成され、五〇〇〇年前までに一〇ヘクタール近い広さをもつ都市に成長しました。日干しレンガの壁に茅葺きの屋根をかけた建物の集落でした。

エリドゥの守護神は水の神エンキで、神殿も設けられていました。エリドゥの集落はシュメール人だけで建設したのか、ほかの民族が加わっていたのか。この問題について考古学者はウバイド期に灌漑の技術を身につけた農耕民、ペルシャ湾の沿岸で葦の家に住んでいた漁労民、そして

ウバイド文化の土器

テル・エリドゥの遺跡

乾燥した半砂漠の平原でヒツジやヤギの放牧をしていた遊牧民、この三つのグループが合流してエリドゥの村落が形成されたと考えています。

【ウルクの都市遺跡】

次にウルクの都市遺跡をみることにしましょう。ウバイド文化は六〇〇〇年ほど前に衰退し、代わってウルクを中心とした都市国家の時代に入りました。ウルクはイラク戦争のときに自衛隊が派遣されたイラク南部の都市サマーワから三〇キロ離れた砂漠地帯にあります。

イラクの南部、シュメール人の地域では六〇〇〇年前のころからいくつかの都市が誕生し、ウルクはその中心的な都市でした。五〇〇〇年前の最盛期には、壁に囲まれた六平方キロの広さに五～八万人が住んでいたといいます。ユーフラテス川がもたらした肥沃な土地に運河を張り巡らした灌漑農耕がこれだけの人口を支えていました。

ウルクの市街地には工房用の複数の建物があり、同じ職種の人々が集まった地区も生まれていたといいます。いろいろな工芸品が作られていたのでしょう。その製品を積んだ舟は市内に広がる運河網を経てユーフラテス川に入り、上流の肥沃な三日月地帯に運ばれました。この河川貿易はウルクに富をもたらし、シュメール人の文化をメソポタミアの各地に広げました。

【楔形文字の発明】

シュメール人が残した最大の文化遺産は楔形文字の発明です。発掘調査によりますと、ウルクの最も古い地層から古拙な絵文字が発見されています。これを原型として楔形文字が作り出されたということで、五一〇〇年前の神殿跡から最古の粘土板文書が発見されました。アッカド、バビロニア、アッシリアなどメソポタミアに住むセム系の民族は、シュメール人の言葉を表記する楔形文字を借用してそれぞれの言葉を表記するようになり、楔形文字はメソポタミア文明の基盤になりました。

シュメール人が残した『シュメール王名表』にはウルクの歴代の王の名前が記されています。その第五代の王であるギルガメシュの冒険物語が人類最古の文学作品『ギルガメシュ叙事詩』で、アッシリア語の楔形文字で記された粘土板文書がアッシリア王の図書館遺跡から発見されました。解読された『ギルガメシュ叙事詩』に

楔形文字の粘土板文書

は、旧約聖書の「ノアの洪水」と同じ物語が記されていて、大変興味深いものがあります。

【ウルの都市遺跡】

最後にウルの都市遺跡をとりあげます。ウルはウルクの南、現在のナーシリーア市の近くにあり、一九九一年の湾岸戦争のときには、ウル王朝の墓に多国籍軍のミサイルがあたって、たくさんの穴が開く事故がおこっています。

今から四五〇〇年前、ウルクの王朝が衰えて王権がウル第一王朝に移ったあと、この都市はシュメール文明の中心として栄えました。当時はペルシャ湾がずっと内陸に入りこんでいたため、ウルは港湾都市でした。チグリス・ユーフラテス川による河川交易だけでなく、ペルシャ湾やアラビア海の沿岸各地と交易を行い、アフガニスタン産のラピスラズリ（宝石）などがウルにもたらされました。インダス文明の都市とも交流があったものと考えられています。

イギリスの考古学者ウーリーが一九二〇年代に行った発掘調査によって、王墓やジッグラト（神殿）などウルの繁栄を示す遺構や遺物が数多く発見されました。な

ギルガメシュ叙事詩

かでもウル王墓から発見された美しい工芸品「ウルの軍旗」は有名です。高さ二二センチ、長さ五〇センチの木箱の両面にラピスラズリなどの象嵌が施され、戦争や饗宴の場面が描かれています。シュメール人の風貌がわかるほかシュメール時代に車輪が使われていたこともわかる貴重な史料で、大英博物館に収蔵されています。

ウルのジッグラトはシュメール文化を代表する遺跡で、日干しレンガを積み上げ、接着材としてアスファルトを用いています。ウルの守護神を祀る神殿と思われますが、頂上に登る高い階段を備えていることから、旧約聖書にある「バベルの塔」の話はこのジッグラトのことであろうといわれています。

「ウルの軍旗」（大英博物

【旧約聖書の世界】

旧約聖書の創世記はこの地を舞台にして「エデンの園」の物語や「ノアの箱舟」の物語を記しています。メソポタミア南部の温暖な風土は樹々が豊かに生い茂るエデンの園にふさわしいといえるでしょう。創世記にはウルの地名が出てきます。大洪水とノアの箱舟の物語のあと、ノアの子孫であるアブラハムがその家族とともにカルデアのウルを出てカナン

ウルのジグラット

の地に向かったと記されています。ウルはイスラエルの祖、アブラハムの故郷ということになります。ウルクのギルガメシュ叙事詩の洪水伝説を含め、メソポタミアの南部にあるウルクやウルの都市遺跡はまさに旧約聖書の世界を今に伝えています。

【コラム⑤】謎の民族　シュメール人の言語

シュメール人は謎の民族といわれます。謎の一つはシュメール人の言語です。西アジアから北アフリカにかけてセム系とよばれる諸言語があります。アラビア語、ヘブライ語をはじめ、メソポタミアの歴史に登場するアッカド、バビロニア、アッシリア、フェニキアなどの諸言語はセム系の言語です。

ところが解明されたシュメール人の言語は言葉の構造が全く違う膠着語で、この地方では孤立した言語なのです。膠着語というのは言語学の用語で、ある語にそれ自体では独立して使われない別の語（助辞、接辞など）をくっつけて、その働きによって文法上の関係を示す言語です。日本語も膠着語に分類されます。

こう説明しても判りにくいので、日本語の例文を示します。「本**を**読む」「桜の花**が**風**で**散る」などのように「を」「が」「で」を名詞にくっつけて名詞の働きを示しています。また「散る」「散らない」「散れば」「散れ」のように動詞の語幹にいろいろな語尾をつけて変化させます。これらの例文を英語で表現すると、違いが判ります。基本的な語順も「主語＋目的語＋動詞」の形が多いのが膠着語です。

膠着語に分類される言語はトルコ語、モンゴル語、満州語、朝鮮語などのほか、チベット語やビルマ語、タミル語などのドラヴィダ系諸言語、さらにフィンランド語やハンガリー語などのウラル系諸言語も膠着語に含まれます。

古代語ではシュメール語のほかイラン南西部で行われたエラム語が膠着語であったということです。そこでシュメール人は東方からメソポタミアに移住してきたという見方が生まれます。

ウルクやウルの遺跡から発見された絵画をみますと、そこに描かれたシュメール人の風貌は目が大変に大きくて髭が濃く、巻き毛です。

ほかのセム系民族と少し違う印象をうけます。航海術に優れていたといいますから、シュメール人はインド洋の方からペルシャ湾を経てチグリス・ユーフラテス川の河口地域に上陸したのかもしれません。シュメール人は出自が判っていない謎の民族といってよいでしょう。

（62）聖書ゆかりの遺跡の丘―メギド、ハツォール、ベール・シェバ（イスラエル）

この世界遺産はイスラエルに二〇〇ヵ所もある遺跡の丘（テル）の代表的なもので、ここもまた旧約聖書の世界を今に伝えています。

このうち、イスラエルの北部にあるメギド遺跡は二〇世紀に繰り返し行われた発掘調査によって日干しレンガの集落、都市の遺構が二〇層も積み重なっていることが明らかになりました。最古のものは六〇〇〇年前に遡り、新石器時代の土器や住居跡が出土しています。

交通の要衝にあるため、メギドの地名は旧約聖書にもたびたび登場します。モーセの後継者ヨシュアがカナンの地に侵入したとき（ヨシュア記）のことをはじめ、ソロモン王が厩舎を建設したことなどが記されています。

ハツォールの遺跡の丘は規模の大きな遺跡の丘で、四〇〇〇年前の住民は二万人にのぼっていたと推定されています。この都市をおさめていたカナン人の王（ヤビン）が、周辺諸都市と連合したイスラエルのヨシュアと戦って敗れ、ハツォールの住民が皆殺しされた（ヨシュア記）とも記されています。旧約聖書を読みますと、パレスチナの土地は戦いが繰り返されていたことがわかります。

イスラエルの南部にあるベール・シェバの遺跡からは立派な水利施設が発掘されています。ベール・シェバの原語は「七つの井戸」または「誓いの井戸」の意味で、旧約聖書の創世記には井戸をめぐる争いがあったことやヒツジに水を飲ませた話などが記されています。パレスチナの地は乾燥した土地ですので、水をめぐる争いが絶えることがなかったのでしょう。

ハツォールの列柱式遺構

2　ファラオと神聖文字～エジプト文明の曙

エジプトには六つの文化遺産と一つの自然遺産、あわせて七つの世界遺産があります。ピラミッドで有名な「メンフィスとその墓地遺跡」をはじめ「古代テーベとその墓地遺跡」そして「アブ・シンベルからフィラエまでのヌビア遺跡群」の三つはエジプトの古代文明を代表する遺跡として真っ先に世界遺産に登録されました。

まず、世界遺産運動のきっかけになったヌビア遺跡群をとりあげ、次いでメンフィスの墓地遺跡にあるギザのピラミッド群を訪ねることにします。古代エジプトでファラオは神の化身とされ、その名前や事績は神聖文字で記録されています。すでに文字で歴史が記録された時代に入っていて先史時代とはいえませんが、神聖文字が誕生した古代エジプト文明の曙の時代をみることにしましょう。

(63)アブ・シンベルからフィラエまでのヌビア遺跡群(エジプト)

一九六〇年代のエジプトでアスワン・ハイ・ダムの建設計画が明らかになりますと、ナイル川に面したヌビア遺跡群はダムの建設によって水没する危機にさらされました。貴重な文化遺産を水没から守ろうというユネスコのキャンペーンが行われ、一九六〇年代の後半には世界六〇ヵ国の援助によって、ナイル河畔にあったアブ・シンベル神殿の移築工事が実施されました。

アブ・シンベル神殿は新王国時代第一九王朝のラムセスⅡ世によって建造された太陽神ラーを祀る神殿で、砂岩でできた岩山を掘り進めて造られていました。移築工事はこの神殿を分割し、ナイル川から二一〇メートル離れた丘の上に移す形で行われました。現在はアスワン・ハイ・ダムで生まれた人造湖ナセル湖のほとりにたたずんでいます。

この神殿では年に二回、神殿の奥まで朝日の光が差し込み、奥におかれた太陽神ラーの神像やラムセスⅡ世の像を照らすようになっていました。この現象が起こるのはラムセスⅡ世の生まれた日（二月二二日）と王に即位した日（一〇月二二日）でしたが、神殿が移築されたことによって、現在は日にちがずれてしまったそうです。アイルランドのブルー・ナ・ボーニャなどヨーロッパの巨石文化遺跡でも、巨大な墳墓の羨道に陽の光がさしこむ構造があったことが思い浮かびます。

ユネスコによるキャンペーンをきっかけに、貴重な文化遺産と自然遺産を国際的な枠組みのなかで守ろうという機運が高まり、世界遺産条約が一九七二年のユネス

アブ・シンベル神殿とナセル湖

コ総会で成立しました。一九七五年には二〇ヵ国が批准して条約は正式に発効し、上記三つの古代エジプト文明の遺跡は一九七九年に世界文化遺産に登録されました。ヌビア遺跡群は世界遺産運動の生みの親になったのです。

ヌビア遺跡群のフィラエ神殿とカラブシャ神殿もアブ・シンベル神殿に続いて移築工事が行われ、ダム湖畔の安全な場所に古代の姿をとどめています。

移設されたアブ・シンベル神

(64) メンフィスとその墓地遺跡—ギザからダハシュールまでのピラミッド地帯

この世界遺産はカイロの南にある古代エジプト王朝の首都メンフィスとナイル川の西岸に連なるギザやサッカラなどのピラミッド群から成り立っています。ピラミッド群は歴代のファラオによって建造されました。まず、最初のファラオ、ナルメルについて記したパレット(化粧板)から話をはじめます。

【ファラオの誕生】

エジプトを南北に流れるナイル川はカイロのあたりから広大な扇状地を形成し、地中海に注ぎます。このナイル・デルタ一帯を下エジプトとよび、それより南、ナイル川に沿って細長く続く幅の狭い河岸地帯を上エジプトといいます。エジプトは国土の大半が砂漠地帯ですが、ナイル川沿いの河岸地帯とナイル・デルタは水と緑に恵まれ、八〇〇〇年前から農耕と牧畜が営まれていました。七〇〇〇年前には土器も使われています。

農耕がはじまった先史時代の集落遺跡は上下エジプトの各地で発見されていて、六〇〇〇年前にはたくさんの副葬品を添えた集団墓地も出現しています。墓地の規模には大小の区別が現れ、先史時代のエジプトで社会の階層分化が進んでいったことを示しています。規模や副葬品からみて「王」を葬ったものと考えられる墓も現れ、各地に「王国」が成立したことを伝えています。

王墓とみられる遺跡から発見された副葬品のなかに、パレットとよばれる化粧板があります。これは砂岩の一種で作られた砥石の道具で、化粧用の顔料を磨りつぶすために使われていました。王とみられる人物が棍棒でライオンを打ちすえる装飾

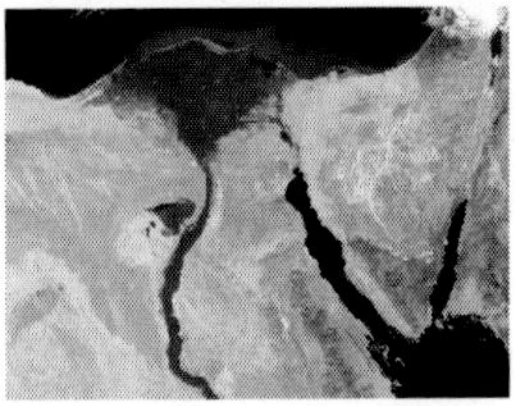

上空から見たナイル川

を施したパレットも発見されています。武勇に優れた王によるエジプトの統合が進められたのでしょう。

ナイル川の中流域、ルクソールの南にある古代の都市遺跡ヒエラコンポリスでは、「ナルメルのパレット」とよばれる化粧板が発見されています。このパレットには、上エジプトを治めるナルメルが下エジプトを征服して上下のエジプトを統合したことを示す図像が描かれています。ナルメルが最初の統一王朝をひらいたのは紀元前三一〇〇年前、今から五一〇〇年前とされています。

エジプトでは王朝の交代を重ねながら、それから三〇〇〇年にわたって神の化身とされるファラオ（王の呼称）の統治が続きました。

【初期王朝の首都メンフィス】

世界遺産に登録されたメンフィスはナルメルを始祖とするエジプト第一王朝の首都として建設されました。メンフィスは上エジプトと下エジプトの境目に位置する要衝の土地にあり、長い間、歴代王朝の首都になっていました。現在のメンフィスには、大理石の一種、アラバスター石を彫って作った巨大なスフィンクス（全長八メートル、

ナルメル王のパレット

高さ四メートル）やメンフィスの創造神とされるプタハ神の神殿遺構などが残されています。

【三大ピラミッドの謎】

カイロ郊外にあるギザの三大ピラミッドはあまりにも有名です。エジプト第四王朝のファラオであるクフ王、カフラー王、メンカウラー王のピラミッドとして建造されました。このうちクフ王のピラミッド（写真の左）は四五〇〇年前に建設され、世界で最も高い建造物として「世界の七不思議」といわれてきました。建設当時の高さは一四八メートル、頂上が欠落したため、現在の高さは一三八メートルになっています。

真ん中にあるカフラー王のピラミッドは高さ一四四メートル、頂上付近に石灰岩の化粧石が残っています。建設された当時は陽光をうけて白く輝いていたことでしょう。このピラミッドの参道の入り口に建造されたスフィンクスはもともとここにあった石灰岩の岩山を掘り下げて建造されました。一枚岩から掘り出した石像としては

ギザの三大ピラミッド

参道入口のスフィンクス

今もなお世界最大の石像です。この二つにくらべ、メンカウラー王のピラミッドは高さが半分程度で小ぶりですが、それでも高さは六五メートル余り、壮大な建造物であることに変わりはありません。

クフ王のピラミッドは平均二・五トンの石を二七〇万個以上積み重ね、容積は二三五万立方メートルに達すると推定されています。この巨大なピラミットをどのような方法で建造したのか、古来、いろいろな説が提示されていますが、定説はありません。永遠の謎でしょう。内部に設けられた「王の間」や「女王の間」などの空間や長い通路が巨大な重力を分散させる効果をもっていることがわかっています。当時のエジプト人が想像もできないような技術力をもっていたことは確かでしょう。

なぜピラミッドを建造したのか、これも謎です。かつてピラミッドはファラオを葬る墳墓といわれていました。しかし、クフ王のピラミッドに「王の間」という空間はあってもファラオのミイラは発見されていません。王の棺はピラミッド内部の未発見の空間におかれたのか、それともピラミッドとは別の場所に葬られたのか。謎のままです。

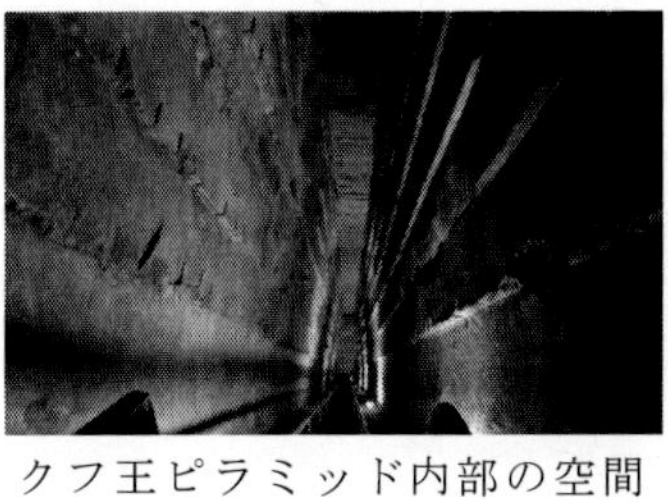

クフ王ピラミッド内部の空間

それなのにピラミッドの周囲には葬祭殿の遺構があり、地下に玄室を備えた大規模の墳墓（マスタバ）もピラミッドの近くにあります。これは貴族らの墳墓とされています。ピラミッドを中心とした葬祭の施設であることだけは確かでしょう。

当時のエジプト人は天空をめぐる太陽神ラーを篤く信仰し、太陽神ラーの化身とされたファラオは死後、ラーとともに天空をめぐるとされていました。そこでファラオが死後、天空にのぼるための階段としてピラミッドが建造されたと考える説があります。また、ギザやアブ・ロアシュのピラミッド付近からは木造の船が発見されています。この船はファラオたちを天空の世界に導くものと考えられ、「太陽の船」とよばれています。

クフ王の「太陽の船」

このようなことを総合しますと、ピラミッドはファラオの墳墓というよりはファラオの死後の世界を示す荘厳な神殿と考えた方がよいかもしれません。

【ネクロポリスの神聖文字】

ネクロポリスはギリシャ語に由来する言葉で、「死者の都」を意味していました。現在では規模の大きな集団墓地を表す言葉として使われています。ギザの三大ピラミッドをはじめ世界遺産に登録されたサッカラやアブシールのピラミッド群もファラオたちのネクロポリスとして建設されました。

サッカラはエジプト第二王朝の時代から王家の墓地として使われてきた場所であり、最古のピラミッドとされるジョセル王の階段ピラミッドもここに建設されました。サッカラにある多数のピラミッドのうち、第六王朝テティ王のピラミッドは墓室に刻まれたヒエログリフ（神聖文字）の呪文「ピラミッド・テキスト」で知られています。

地下室の壁いっぱいに刻まれたヒエログリフの呪文は、呪文の力によって王が天空の世界で再生することを願ったもので、翼や階段、傾斜面など天空にのぼる手段を王に与える呪文を記しています。このような呪文を集めたものは「ピラミッド・テキスト」とよばれ、そのなかには神話や伝承、儀式や祭礼、地理や歴史、天文や宇宙などさまざまなことが記されているということです。

ヒエログリフは神々やファラオを讃えるために用いられた文字で、知恵の神トトが発明した神聖なものと考えられていました。最古のヒエログリフは先ほど紹介した「ナルメルのパレット」に記されています。ナマズの

テティ王のピラミッド・テキスト

ヒエログリフ

象形文字と鑿の象形文字を枠のなかに収め、「ナル（ナマズ）＋メル（鑿）」の読みと「荒々しきナマズ」という意味を表しています。

このようにヒエログリフは神々やファラオの名前や事績を示すために神殿の壁や石碑などに刻まれたため、神聖文字または聖刻文字とよばれます。荘厳な感じを与えるので、神殿などではよいのですが、政治や経済など実用的な文字の使い方では筆記に時間がかかってしまい不便です。そこで考え出された文字がヒエラティック（神官文字）とよばれる筆記体の文字です。絵文字の形を残したヒエログリフの縦の線を省略して簡略化した文字で、ファラオに仕える神官らによってパピルスの書物などに記されました。

漢字でいえば、ヒエログリフが楷書で、ヒエラティックが草書ということになります。もう一つ、紀元前七世紀ころから使われるようになったデモティック（民衆文字）という字があります。ヒエラティックをさらに簡略化した文字で、漢字でいえば日本の仮名にあたるといえるでしょう。商取引などの日常の書類や手紙などに盛んに使われました。

このような古代エジプトの文字はシナイ半島からパレスチナの地に伝わり、原シナイ文字やフェニキア文字になりました。フェニキア文字は東地中海の通商貿易を通じてギリシャ商人たちに使われるようになり、ギリシャ文字やラテン文字に影響を与えました。古代エジプトの文字はローマ字のルーツであったのです。

紀元前三〇年、古代エジプトの最後の女王クレオパトラが自殺して、エジプトがローマ帝国の統治下に入ったあともヒエログラフやヒエラティックは使われていました。しかし、ローマ時代が終わるころには使われなくなり、その後、どのように読むのか、わからなくなっていました。それが解読されたのはロゼッタストーンの発見とシャンポリオンらの研究があったからですが、その解読の物語は見送ります。

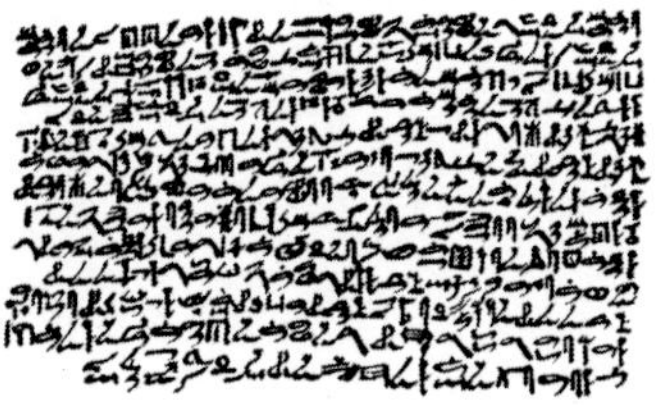
ヒエラティック

3 甦る伝説の王朝 ～黄河文明の世界～

西アジアの肥沃な三日月地帯ではじまった農耕牧畜の文化は周辺の地域に伝わり、メソポタミアやエジプトで古代都市文明を生み出す母胎になりました。一方、東アジアでは中国の黄河流域や長江流域で独自に農耕文化が発生し、中国文明の母胎になる都市的集落が出現しています。第Ⅲ章でとりあげた世界遺産の良渚遺跡は長江流域に生まれた初期の都市遺跡で、稲作を基盤にしていました。広大な中国大陸は北と南で気候風土が異なり、農耕の作物や生活のスタイル、交通手段まで異なっています。それは北緯34度の北と南で年間の降水量が異なるからで、この線上にある秦嶺《しんれい》山脈の南は雨が多い温暖湿潤な気候です。稲作を基盤にした長江文明はこの気候風土の上に成立しました。これに対し、秦嶺山脈以北の華北地方は雨が少ない寒冷乾燥の気候で、ここに生まれた黄河文明はムギやアワの農耕を基盤にしていました。

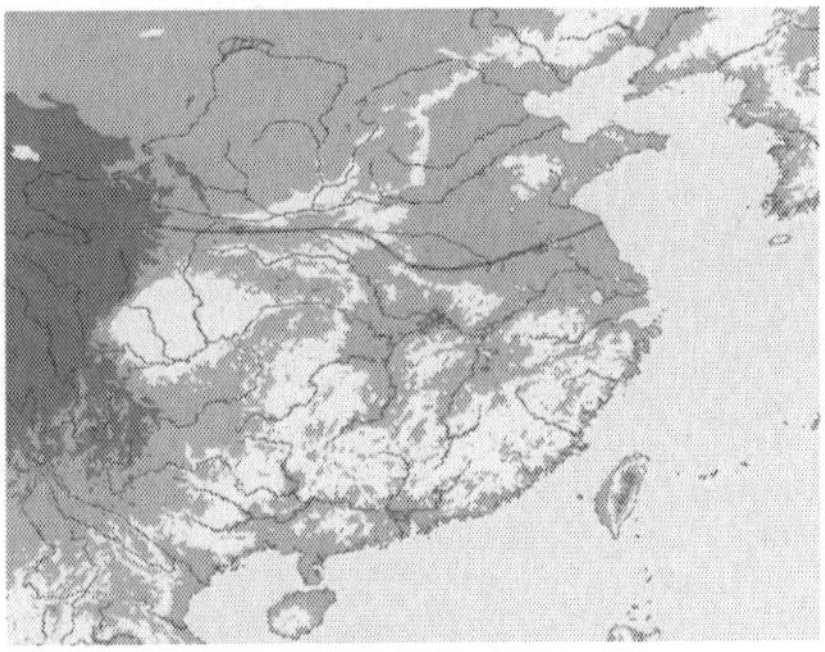

秦嶺・淮河線

【華北の先史時代】

華北を東西に流れる黄河の中流域に九〇〇〇年前から二〇〇〇年続いた新石器時代の遺跡があります。河南省鄭州市の裴李崗《ばいりこう》にある遺跡で、竪穴式住居に暮らしてアワを耕作し、ブタを飼っていました。学者たちはまだ政治組織は生まれていなかったと考えています。

七〇〇〇年前になりますと、黄河の中流域一帯に彩陶を特色とした新石器文化が拡がりました。彩陶は赤い生地に彩色を施した土器のことで、発見された村の名前をとって**仰韶《ぎょうしょう》文化**とよばれます。代表的な遺跡は陝西省西安市に近い**半坡《はんぱ》遺跡**で、環濠を設けた住居跡をはじめ墓地の遺構や土器の窯跡などが発見されています。集落は不規則な円形となっており、居住区はその中央に位置し、南北に二つの氏族グループがあったと推定されています。

この遺跡をはじめ仰韶文化の遺跡から**半坡《はんぱ》文字**とよばれる二七種類の記号が発見されています。当初は土器片に記された文様とみられていましたが、研究が進み、数や物を示す記号として使われていたと考えられています。体系的な文字が生まれる直前の段階にあったのかもしれません。

人面魚文様の彩陶
（仰韶文化期）

五〇〇〇年前になりますと、華北の黄河中流域から下流域にかけて、精巧な黒陶を特色とした新石器時代後期の**龍山文化《りゅうざんぶんか》**が広がり、都市も出現します。龍山文化の特徴は高温で焼いた黒陶の技術が高いことで、器の厚さが卵の殻のように薄い卵殻陶とよばれるものも現れます。陶器の種類も鼎《かなえ》や鬲《れき》、高坏《たかつき》など多様になり、経済力が向上したことをうかがわせます。

この時代の大きな社会変化は柱や壁を備えた住居が集合する都市が出現したことで、土を突き固めた城壁や濠が発見されています。養蚕がはじまり、絹織物の生産も行われていました。また動物の肩の骨を使った占いが行われていたことを占めす遺物が出土していて、社会の姿が大きく変わろうとしていたことを示しています。

黒陶の高坏（竜山文化）

【史記が伝える古代中国】

司馬遷の『史記』は、聖人とされた堯《ぎょう》、舜《しゅん》らの五帝本紀に続いて夏《か》本紀と殷《いん》本紀をおき、中国文明の曙の時代を伝えています。史記によりますと、夏王朝の始祖となる禹《う》は伝説的な五帝の一人顓頊《せんぎょく》の孫で、聖人とされる堯と舜に仕えて黄河の治水事業にあたりました。黄河は大洪水を繰り返す暴れ川で、その治水は政治を行うものの最大の使命でした。

人望のあった禹は治水事業を成功させ、舜から帝位を禅譲されて夏王朝の始祖になりました。紀元前二〇〇〇年のころとされています。即位した禹は宮殿の増築を取りやめ、関所の諸税を免除するなど善政を行ったため、夏に従う国々が増えたと史記は伝えています。夏王朝は一七代四七〇年あまり続きましたが、最後の桀《けつ》王が暴虐で酒色にふけったため人心を失い、殷の湯《とう》王によって滅ぼされました。

かつて夏王朝は実在するかどうか疑わしいとされていました。史記に記されていても、王朝の実在を証明する物的証拠がなかったからです。しかし、近年、先史時代の中国について考古学上の重要な発見が続き、黄河中流域で発見された二里頭《にりとう》遺跡を夏王朝の王都とする見解が有力となりました。今では、幻とされた夏王朝が実在していたと教科書に書かれています。

【甦る夏王朝】

内モンゴルの砂漠地帯から南下する黄河は秦嶺山脈にさえぎられて左折し、河南省の洛陽平原を潤しながら東の黄海に向かいます。この洛陽平原

国宝　高山寺本「史記」夏本紀

の一帯で一九五〇年代に、新石器時代から青銅器時代にかけての遺跡が相次いで発見されました。一九五九年に河南省偃《えん》師《すい》県二里頭《にりとう》村で発見された遺跡はその後の研究によって夏王朝の都城であったと考えられています。

決め手になったのは二〇〇三年に行われた発掘調査によって巨大な宮殿跡が発見されたことです。この宮殿は東西三〇〇メートル、南北三六〇メートルの長方形で、周囲に土を突き固める版築の城壁をめぐらしていました。祭祀に用いられたと思われる青銅器が見つかっているほか、城郭の外に縦横に走る道路の遺構が見つかっています。しかも道路には車軸の幅が一メートルの轍の痕が発見されました。

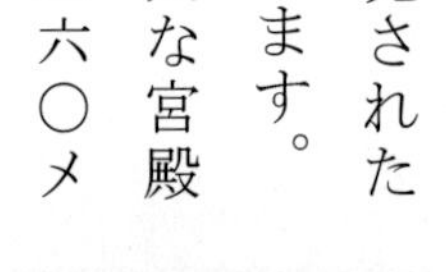
二里頭遺跡の発掘現場

この巨大な宮殿跡が発見される前に、小型の宮殿跡が八ヵ所も発見されており、大量の陶器や青銅器、青銅器の工房跡、トルコ石の装飾品などが出土しています。放射性炭素の年代測定によって、これらの二里頭遺跡は紀元前二〇〇〇年から紀元前一五〇〇年までのものとみられ、文献上、夏王朝があったとされる時代にあっています。

中国の研究者たちは、発掘された宮殿の規模と構造が後の歴代王朝の宮殿に似ている、宮廷儀礼に用いられた大型の玉器と青銅製の器が多数出土している、建設工事に多数の労働力を動員している、などの根拠をあげて、二里頭遺跡は幻の夏王朝の都が三五〇〇年の歳月を経て姿を現したものと考えています。

二里頭遺跡はまだ世界遺産に登録されていませんが、中国古代文明の曙の時代を伝える遺跡として、いずれ世界遺産になるだろうと思います。

【史記が伝える殷王朝】

司馬遷の『史記』は夏王朝に続いて殷王朝について記し、歴代の王の名前や事績を述べています。史記によりますと、殷王朝初代の湯《とう》王は太公望《たいこうぼう》らの賢臣を用いて夏王朝を滅ぼし、河南省の亳《はく》というところに都をおいたといいます。

河南省の鄭州市で発見された二里崗《にりこう》遺跡は初期殷王朝の都城亳《はく》とされています。二里崗遺跡は周囲七キロメートルの城壁に囲まれ、城内から青銅器を作る工房跡が見つかっています。古代中国は殷王朝の時代から青銅器の時代に入っていました。司馬遷が伝えた殷王朝の歴史

二里頭遺跡宮殿（復元模型）

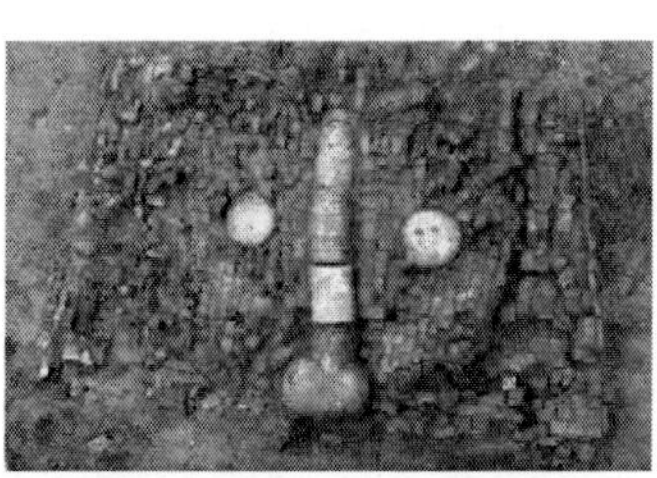
二里頭遺跡出土の豪華な杖

は二〇〇〇年の歳月を経たあと、考古学の調査によって裏付けられました。

殷王朝は三〇代続き、その間、都城を何回も変えました。一九代の王盤庚《ばんこう》のときに遷都したのが世界遺産に登録されている殷墟です。殷墟の概要を紹介しましょう。

(65) 殷墟（中国）

殷墟は黄河の北側、河南省安陽《あんよう》市の郊外に広がる農村（小屯村と武官村）にあります。殷墟の発掘調査は一九二八年にはじまり、一九三七年に日中戦争で中断するまで一五回にわたり調査が行われました。中華人民共和国の成立後、発掘調査は一九五〇年に再開され、現在も続いています。

これまでに発掘された面積は二四万平方メートル、宮殿跡をはじめ大小の墳墓、手工業の工房跡、竪穴式住居跡などが発見されています。この地を流れる川の南側に宮殿、北側に王の陵墓が設けられていました。宮殿跡のある小屯村の一帯では、占いに用いた亀の甲羅や牛や鹿の肩甲骨が大量に出土しました。また精巧な青銅器や玉器、馬車なども出土しています。

復元された殷墟

殷王朝の第二二代の王、武丁《ぶてい》の夫人であった婦好《ふこう》の墳墓が一九七六年に盗掘をうけていない状態で発見され、大きな話題になりました。墳墓からは一六人以上の殉死者が六匹の犬とともに発見され、副葬品として数百点の青銅器や玉器類のほか、貨幣として用いられた貝殻の製品が七〇〇〇枚も出土しました。殷王朝は王の夫人の墳墓に貴重な青銅器を大量に副葬できるだけの財力を備えていたことがわかります。

殷墟から出土した甲骨片には、占いの問いとその結果を記す文字が刻まれていました。占いは、まず亀の甲羅や牛の肩甲骨に占いの問いを刻みます。それを焼きますと、甲骨片に裂け目が走ります。その裂け目をみて、占い師が吉凶を判断するというもので、占いの結果も甲骨片に刻まれました。占いの問いは「〇〇との戦いを進めてよいか」など大切な「まつりごと」を占ったもので、殷王朝はすべてを神の意思に従って行う神意政治の王朝でした。

発掘された甲骨文字は漢字の祖型となる象形文字で、その多くが解読されています。これによって殷王朝の歴史はかなり詳細に知られるようになりましたが、最後に甲骨文字発見の物語を記しておきましょう。

婦好墓出土の方鼎

【甲骨文字の発見】

中国清王朝の末期、王懿栄《おういえい》という古代文字研究の学者がいました。国士監祭酒《こくしかんさいしゅ》という東京大学総長のような地位にある碩学でしたが、持病のマラリアに悩まされていました。そのころマラリアの発熱をおさえるには「龍の骨」を煎じて服用することが効くといわれていて、王懿栄は薬屋から「龍の骨」を取り寄せました。

「龍の骨」というのは地中から取り出した動物の骨で、たまたま居合わせた友人の学者、劉鉄雲《りゅうてつうん》が骨の表面に刻んである小さな文字を見つけました。二人は青銅器に刻まれた文字よりも古い古代文字ではないかと考え、「龍の骨」を蒐集するとともに「龍の骨」が出土した土地を探しました。その結果、河南省安陽市の小屯村の地下に「龍の骨」があり、薬屋たちが掘り出して売りさばいていることがわかりました。一八九九年のことでした。

王と劉の二人の学者によって、甲骨文字は殷王朝の滅亡後三〇〇〇年を経て地下から発見されたことになります。一九〇〇年に起こった義和団事件に巻き込まれ、王懿栄は自殺しましたが、そのあとをうけて甲骨文字の研究を続けたのは羅振玉《らしんぎょく》と王国維《おうこくい》という二人の学者でした。

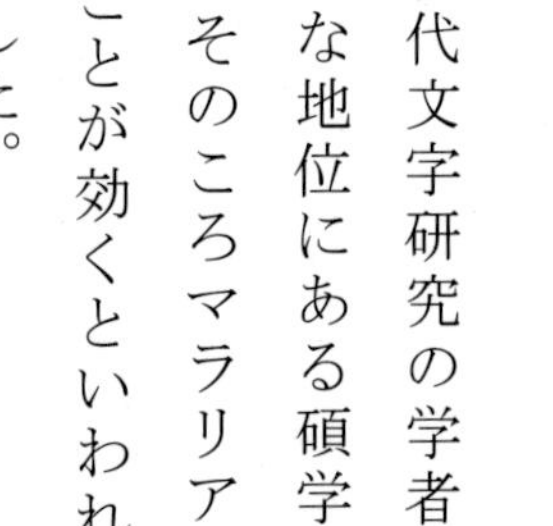

占いに用いた甲骨文

二人は清王朝が倒壊したあとの混乱を避けて日本に亡命し、内藤湖南、小川琢治らの学者たちを頼って京都で甲骨文字の研究に没頭しました。その結果、甲羅や骨に刻まれた甲骨文字が解読されただけでなく、甲骨文字で記された王の名前や占いの事柄が『史記』に記された殷王朝の王たちの名前や事績と合致していたことがわかりました。

司馬遷が史記を著したのは紀元前九一年。殷王朝が殷周革命によって滅びたのは紀元前一一世紀の半ばとされています。司馬遷は一〇〇〇前の歴史的記録を正確に収集し、それをもとに史記を書いていたことが証明されました。歴史を書くことの重みが伝わってきます。

第Ⅵ章　氷河時代の日本列島　～旧石器時代の遺跡から～

氷河時代、日本列島を大陸から隔てる東シナ海は大部分が陸地となり、対馬海峡は極めて浅くなっていました。凍結すれば、動物も人間も日本列島に渡れる状態であったと考えられます。水深の浅い瀬戸内海や東京湾は陸地になっていて、北海道と樺太を隔てる宗谷海峡や樺太とロシア沿海州の間にある間宮海峡は陸続きになっていました。

北海道・北広島市の野幌丘陵で一九七五年に発見された象の臼歯の化石はその後の研究で四万五〇〇〇年前のマンモス象の化石であることが判明しました。間宮海峡や宗谷海峡が陸続きで、マンモスが北方から北海道に渡ってきたことを示しています。

氷河時代の日本列島は南からの対馬暖流が日本海に流れこまないため雨が少なく、乾燥していました。冬の降雪量もずっと少なく、日本列島の植生は寒冷の気候を好む針葉樹林が西日本まで広がり、木の実をつける落葉広葉樹林は暖流が流れる西南日本の海岸地方に限られていました。

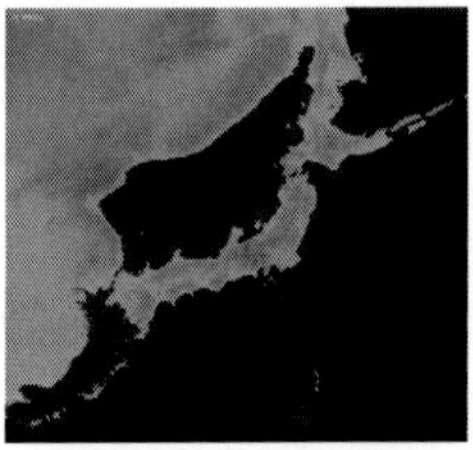

氷河時代の日本列島

それでもツンドラが広がっていた中国大陸の北部に較べれば、日本列島は人間にとってはるかに生活しやすい環境であったことは間違いありません。陸地化した東シナ海や津軽海峡を越えてアジア大陸から人間が移動してきて、広い範囲にわたって生活していたことを示す証拠があります。全国各地に旧石器時代の遺跡が見つかっていることです。第Ⅵ章では、日本列島をナウマン象が徘徊していた時代とその後の旧石器時代の遺跡をみることにしましょう。

1　ナウマン象の狩人たち

まず、ナウマン象の狩りが行われていた旧石器時代の遺跡を紹介します。

戦後間もない一九四八年のこと、長野県の新潟県境に近い野尻湖畔で、地元の人が湯タンポのような形をした化石を発見しました。この化石がナウマン象の臼歯とわかり、氷河時代の日本列島の様子を解明する研究がはじまりました。

【コラム⑥】ナウマン象

アジア象に近い仲間の象で、氷河期に海面が低下して日本列島と大陸が陸続きになっていたときに渡ってきたとされます。この象の骨は明治初年、三浦半島の横須賀に建設された製鉄所の敷地から最初に発見され、化石の骨を研究したナウマン博士（東京帝国大学地質学教室の初代教授）の名前をとってナウマン象と名づけられました。

その後、全国各地でナウマン象の骨が発見されており、千葉県印旛村では骨格のほぼ全体が発見されています。ナウマン象の肩の高さは二・五〜三・五メートル、現在のアジア象よりいくらか小型です。

この象の特徴は牙が長く発達していたことで、雄の牙は太さが一五センチ、長さは二・四メートルもあります。

ナウマン象の骨格標本
（横須賀自然文化博物館）

【野尻湖畔の発掘調査】

地元の研究者たちは野尻湖発掘調査団を結成し、一九六二年から二〇一四年まで二〇回にわたって発掘調査を続けました。この発掘調査は専門家だけでなく旧石器時代に関心をもつ一般の人も参加できる仕組みで、毎回、野尻湖の水が放流されて水位が低くなる三月に行われてきました。

この発掘調査によって、湖畔や湖底からナウマン象の歯などが次々に見つかり、第三次の発掘調査（一九六四年）では、人間がいたことを示す旧石器の剥片が発掘されました。また第五次の発掘調査（一九七三年）では、湖底の泥の中からナウマン象の牙とオオツノシカの角が発見されました。写真は発掘時の状態を撮影したもので、牙と角の置かれた形から「月と星」の愛称がつけられています。明らかに人の手で並べられたような形であり、ここは狩りの獲物を解体する「キルサイト」であったと考えられています。

この遺跡ではナウマン象の臼歯をはじめ石器や骨器など八万点を超える化石や遺物が見つかっていて、四万八〇〇〇年前から三万三〇〇〇年前のものとみられています。ヨーロッパの洞窟でマンモスの牙を加工した「ヴィーナス像」などが発見

野尻湖の遠景（左　妙高山）

された時代に相当します。

ナイフ形の石器や皮はぎに使う石器（スクレイパー）、骨製のナタ（クリーヴァー）などの道具類は旧石器時代中期のものです。木製の道具も使っていたはずですが、この地域は火山灰が堆積した酸性土壌のため、木製の道具類は腐食して残っていません。住居の跡も見つかっていませんので、おそらく大型獣を追って移動する「キャンプ生活」を続けていたのだろうと思われます。

発掘された化石や石器などから、彼らが主に大型の動物を追って食料を得ていた狩人であったことが見えてきます。しかし、巨大なナウマン象をどのようにして仕留めたのだろうか。私の想像でしかありませんが、彼らは集団の共同作戦でナウマン象を湖畔に追い詰め、泥に足をとられて動けなくなった象を仕留めていたのではないかと思います。

それには仲間同士でそれぞれの動作を確認できる言語、おそらくは掛け声のような合図が必要です。ナウマン象の狩人たちはすでに集団の仲間同士でそれぞれの意思を伝える言語と何らかのコミュニケーション手段、例えば木製の太鼓などを利用していたのではないかと想像します。

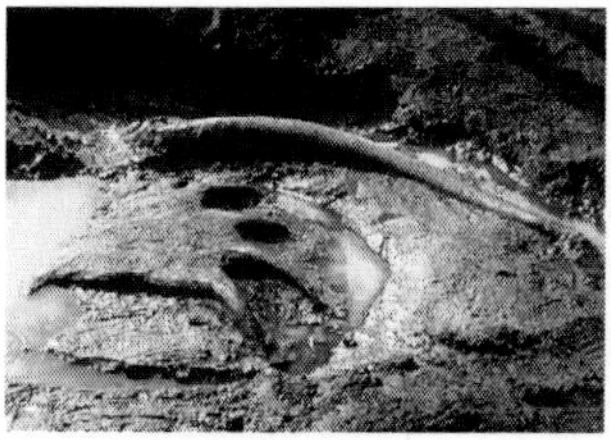
野尻湖遺跡発掘の「月と星」

野尻湖の遺跡発掘のニュースのなかで最も衝撃的だったのは人間の女性を象った小さなヴィーナス像の発見でした。第六次の発掘調査（一九七五年）が行われたときに見つかったもので、長さはおよそ一五センチ、中央にくびれがあって三万年前のものと推定されました。ナウマン象の牙の先端を加工して人間の女性を象ったように見えることから野尻湖人の「ヴィーナス像」とよばれました。

当時、私はＮＨＫ長野放送局のニュースデスクを務めていて、「旧石器時代の野尻湖人が何らかの宗教的意識を表現したのではないか」と報道したことを鮮明に記憶しています。先に紹介したように、ドイツのシュヴァーベン・ジュラの洞窟群の一つ、ホーレ・シュルツ洞窟からマンモスの牙を加工した小さな女性のヴィーナス像が発見されています。四万年前の氷河時代にクロマニョン人が作ったものですが、二つのヴィーナス像を並べてみると、人類の心の営みの共通性に驚きを覚えるのは私だけではないと思います。

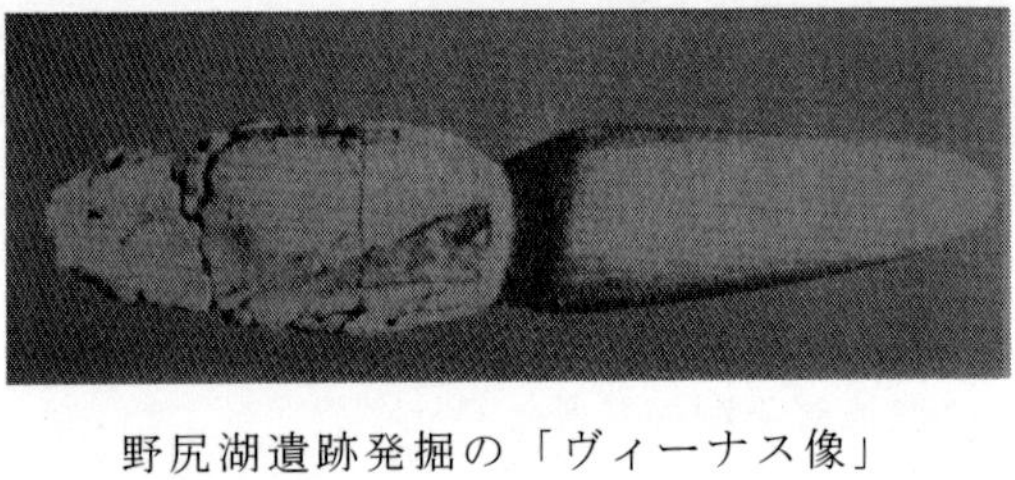

野尻湖遺跡発掘の「ヴィーナス像」

【野尻湖人は消えたのか】

氷河時代にここで狩りをしていた人々を「野尻湖人」と名付けるとしますと、野尻湖人はどこから来て、どこに消えたのか。この謎を解くために野尻湖人の人骨化石を求めて発掘調査が続けられました。しかし結局のところ、野尻湖人の化石人骨は見つかりませんでした。この一帯は火山灰の多い酸性土壌であるため、人骨は残りにくかったのでしょう。

ナウマン象の化石は全国二〇〇ヵ所以上で発見されています。氷河時代の日本列島に広く生息していたことは確かです。おそらく野尻湖人は今から四万年くらい前にナウマン象を追って、大陸方面から氷河時代の日本列島に渡ってきて、日本列島全体を生活の場にしていたものであろうと思います。

彼ら「野尻湖人」はどこに消えたのか。ナウマン象が一万五〇〇〇年前に絶滅したとき、野尻湖人も絶滅したものか。氷河時代が終末を迎えたとき、ナウマン象とともに北の寒冷地に去ったのか。それとも環境の変化に適応して新しい生活様式を身に付け、その子孫がやがて日本列島に生まれる縄文人になったのか。日本列島の旧石器時代を探ることでこの謎を解く手がかりが見つかるだろうと期待します。

＊

野尻湖から南へおよそ一キロ離れた丘陵の裾に大量の旧石器が出土した遺跡があります。上信越自動車道の建設工事にともなって実施された発掘調査（一九九三年〜）によって発見されたもので、日向林《ひなたばやし》B遺跡とよばれています。

この遺跡では直径二五〜三〇メートルの環状に分布する石器群が発見され、その周辺を合わせて九〇〇〇点の石器が出土しました。蛇紋岩などを材料にした斧形石器六〇点のうち三六点は刃の部分が磨かれています。考古学ではこれを局部磨製石斧とよびますが、日本の旧石器時代の遺跡では最も多く見つかった例だということです。

黒曜石で作った台形石器は一辺を加工して縁が鋭い刃になっています。出来上がりの完成度が高く、ここで出土した旧石器はいずれも国の重要文化財に指定されています。こうした石器群が環状の分布状態で発見されたのはある程度の人数がまとまって生活していた証拠だということで、いわばムラが形成されていたのではないかという見方もあります。

日向林B遺跡の年代はおよそ三万年前、後期旧石器時代前半の遺跡とされています。野尻湖畔でナウマン象の狩りが行われていた時代からそう離れているわけでは

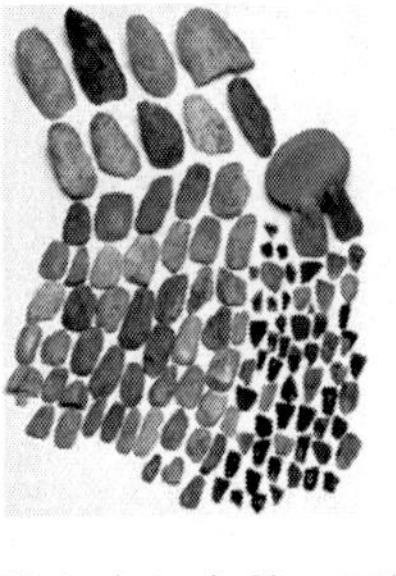

斧型を含む大量の石器

ありません。そうだとすると、日向林B遺跡の人々は「野尻湖人」の子孫かもしれない。日本人の起源を考えるうえで、野尻湖は重要な舞台であると思います。

【旧石器ねつ造事件の衝撃】

日本列島に人類が姿を見せたのはいつのことか、気になるところです。数十万年前、北京原人がいたころの日本列島に原人がいただろうか。そして十数万年前、ネアンデルタール人のような旧人類が拡がった時代、日本列島にも旧人類が渡ってきただろうか。こうした謎をめぐって日本の関係学会を震撼させた事件がありました。二〇〇〇年に毎日新聞社がスクープした「旧石器発掘ねつ造事件」です。この事件の概要を振り返っておきたいと思います。

戦後の日本では国土の開発が進むにつれて、三〜四万年前の後期旧石器時代の遺跡が次々に発見され、氷河時代の日本列島に人類がいたことが明らかになりました。このようなニュースは人々の関心を集め、旧石器時代の遺跡が新たに発見されると、新聞やテレビは大々的に報道していました。

一九八〇年代になりますと、旧人の時代である中期旧石器時代の石器が「発見」されたというニュースが次々に伝えられました。ニュースの舞台は主に東北地方の遺跡で、宮城県古川町の馬場壇《ばばだん》遺跡では一四万年前の地層からナイフ状石器などが発見（一九八四年）され、宮城県築館町の高森《たかもり》遺跡からは五〇万年前の石器が出土（一九九三年）したと伝えられました。

さらに宮城県築館町の上高森遺跡から六〇万年前の前期旧石器が出土したというニュースが続き、日本の旧石器時代は七〇万年前に遡ると報道されました。こうした前期旧石器時代の遺物を発掘した中心人物は民間の研究団体「石器文化談話会」の藤村新一でした。藤村が発掘調査にかかわった現場では必ず常識を覆す石器が現れる、こんなことが重なって藤村は「神の手」をもつとまでいわれていました。

これに疑いをもった毎日新聞の取材班は藤村の行動を密かに監視し、二〇〇〇年の秋、藤村が上高森遺跡の発掘現場で石器を埋めるところを撮影した写真を掲載して「旧石器発掘のねつ造」と報道しました。大変なスクープ報道でした。

考古学の研究者で組織する日本考古学協会は藤村が関与した旧石器時代の遺跡について調査を行い、「すべてねつ造の疑いがある」と発表、これは海外でも大きく報道されました。日本列島の先史時代を記述した高校の歴史教科書は書き換えられ、この事件以降、日本列島に前・中期の旧石器時代が存在した証拠は見つかっていな

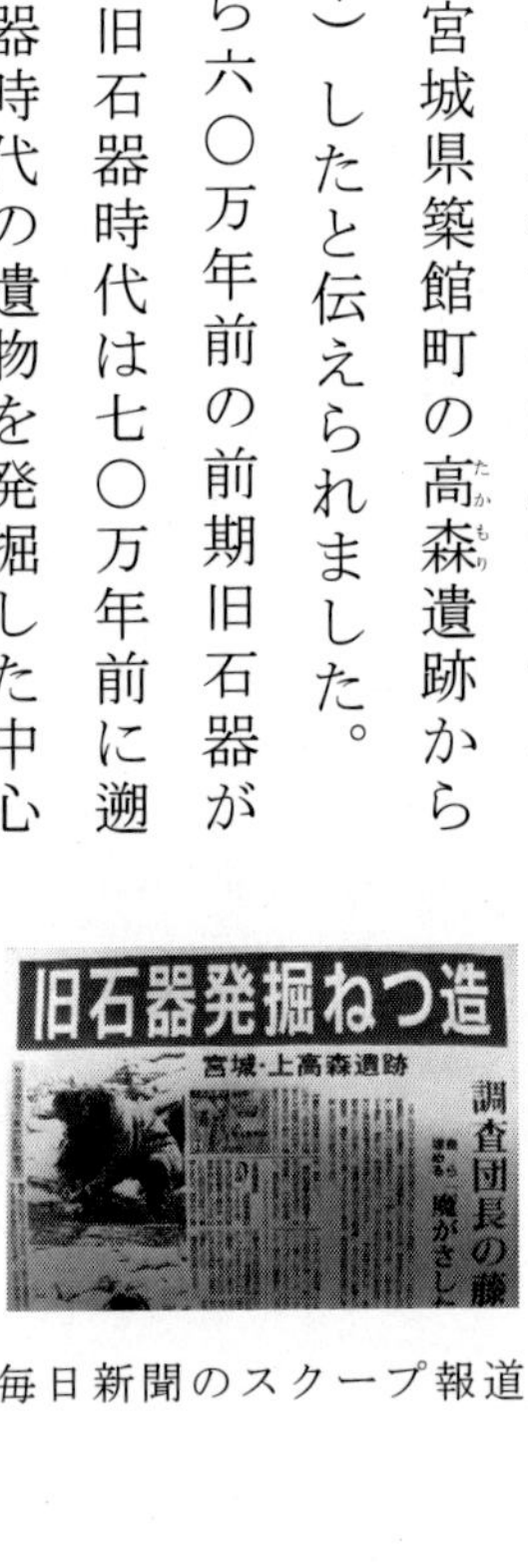

毎日新聞のスクープ報道

いとされています。

【日本列島にヒトはいつから?】

「ねつ造事件」から一〇年たった二〇〇九年、一二万年前の中期旧石器時代の石器が発見されたというニュースが流れました。同志社大学の松藤和人教授を団長とする学術発掘調査団が島根県出雲市多岐《たぎ》町の砂原《すなばら》遺跡で一二万年前の地層から礫器や削器など三六点の石器を発見したというのです。

砂原遺跡は島根県中部の日本海に面した海岸段丘にあり、砂や礫が堆積した古い地層の上に砂泥層や火山灰層など七つの地層が重なっています。上から五番目の火山灰層は近くの島根県大田市にある三瓶山《さんべさん》の噴火によって形成されたもので、火山灰の年代測定によって一一万年前に特定されたといいます。石器はこの火山灰を含む地層から発見されたので、佐原遺跡は一二万年前になるというニュースでした。

このニュースは大きな波紋を呼び、一部の研究者からは発掘された石器が真正のものか疑う見解も示されました。発掘された石器はヒトの手を加えたものでなく、自然礫の見誤りではないかといった

出雲で国内最古の石器
砂原遺跡
12万年前の地層
列島の人類史知る資料

山陰中央新報の紙面

疑問でした。日本列島に中期旧石器時代が存在したという研究はまだ学会の定説とまでは言えないようです。

松藤教授らの研究が事実であるとすると、砂原遺跡の旧人類はどんな人類で、いつ、どこから日本列島に渡ってきたか、新たな謎が湧いてきます。一二万年前の地球はリス氷期とヴュルム氷期の間の間氷期（一三～七万年前）にあたり、ユーラシア大陸と日本列島は海で隔てられていたはずです。その海を旧人類がどのようにして渡ってきたか、新たな謎も湧いてきます。

こうした謎解きは楽しい限りですが、今、確かなことは日本列島にもホモ・サピエンス（現生人類）が残した旧石器時代の遺跡が一万カ所にのぼるという事実です。以下、日本列島の旧石器次代の遺跡を調べてみることにします。

【コラム⑦】デニソワ人と砂原遺跡

七〜一〇万年前にアフリカを出たホモ・サピエンス（現生人類）が一二万年前の日本列島に到達していることはあり得ません。砂原遺跡にいた人類はネアンデルタール人と同じ時代にいた別種の旧人類と考えるのが普通であろうと考えられます。

二〇〇八年に西シベリアのアルタイ山脈にあるデニソワ洞窟で、五〜七歳の少女の小指の骨の断片と大人の臼歯が発見され、デニソワ人と名付けられました。少女の骨のミトコンドリアDNAを解析した結果、ネアンデルタール人と近い旧人類であり、六〇万年前に分岐した別種の人類であると推定されました。

デニソワ人が発見された場所はロシア、モンゴル、中国が接しているところで、デニソワ人はアジアの内陸部に拡がっていたものと考えられています。現生人類であるメラネシア人のゲノムの四〜六パーセントがデニソワ人固有のものと一致するという研究があり、メラネシア人にデニソワ人の遺伝情報が伝えられている可能性を指摘する人類学者もいるといいます。

飛躍した想像になりますが、デニソワ人の子孫がアジア大陸から太平洋の島々へ移動する途中に日本列島に渡ってきた可能性は考えられないだろうか。人類の長い歴史はまだ謎だらけということでしょうか。

2　姿を現した旧石器時代

旧石器時代は一般に前期、中期、後期に区分され、前期旧石器時代は二〇〇万年前から一〇万年前とされます。エチオピアのオモ川下流域で人類最古の石器が発見された時代からジャワ原人や北京原人が生きていた時代です。この時代の日本列島に人類が住んでいた証拠はありません。

中期旧石器時代は一〇万年前から三万五〇〇〇年前の期間とされています。ヨーロッパや中近東一帯にネアンデルタール人が広がっていた時代で、石器を作る技術は進歩し、石核石器や剥片石器などが登場しています。先にふれたように、この時期の日本列島で一〇万年以上前の地層から旧石器が発見された例はありますが、中期旧石器時代の解明はこれからの問題です。

後期旧石器時代は三万五〇〇〇年前から氷河時代が終わる一万二〇〇〇年前までの期間とされます。ヨーロッパでは旧人類のネアンデルタール人が絶滅し、現生人類のクロマニョン人が多くの洞窟壁画を残しています。この時代の日本列島では、ナウマン象の狩りが行われていた野尻湖畔の遺跡をはじめ岩宿《いわじゅく》遺跡など多くの旧石器時代の遺跡が発見されています。

【岩宿遺跡の発見】

明治、大正から昭和のはじめにかけて、日本の考古学会では「日本列島に旧石器時代はない」と考える人が多かった。旧石器時代の化石人骨を発見したとする報告があっても、学会の激しい批判を受け、旧石器時代の存在は疑問とされていました。

その常識を覆したのは群馬県で旧石器時代の岩宿遺跡を発見した相《あい》沢《ざわ》忠《ただ》洋《ひろ》（1926—1989）です。二〇歳の青年だった相沢は一九四六年の夏、現在の群馬県みどり市笠《かさ》懸《がけ》町にある小さな丘陵の切り通しの道で、赤土の崖に露出していた小さな石器を見つけました。考古学が好きで、納豆の行商をしながら独学で石器時代の勉強をしていた相沢はこれを旧石器ではないかと考えました。

一人で発掘を続けた相沢は関東ローム層の赤土のなかから槍先の形をした黒曜石の石器を見つけました。相沢はこの石器を携えて東京の考古学者を訪ね、石器の判定を頼みました。まともに取りあう学者がいないなかで、明治大学の考古学者、杉原荘介と芹沢長介は「赤土のなかにあった」という話の意味に気付き、この年の秋に本格的な発掘調査を行いました。

その結果、三万五〇〇〇年前と二万五〇〇〇年前の関東ローム層の

相沢忠洋（1926-1989）

二つの地層から打製石斧などの石器を発見し、岩宿が旧石器時代の遺跡であることが確認されました。岩宿遺跡は日本列島に旧石器時代が存在したことを最初に証明したものとして一九七九年、国の史跡に指定されています。

岩宿遺跡の発見という歴史に残る功績をあげた相沢は関係の学会に無縁の民間の研究者でした。関係の学会から必ずしも正当に評価されませんでしたが、それでも考古学への情熱を絶やさず、晩年まで旧石器を求める発掘調査を続けていました。初志を貫いたその生きざまに心を動かされる人は多いと思います。

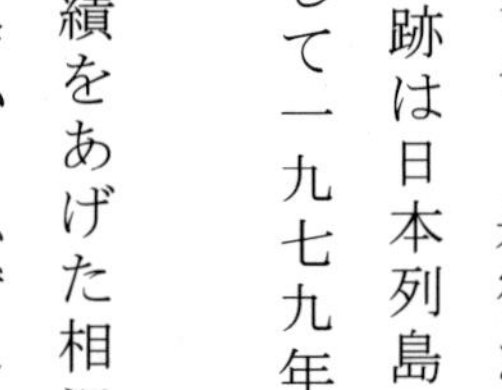

群馬県笠懸町の岩宿遺跡

【一万ヵ所を超える旧石器時代の遺跡】

一九六〇年代以降、全国各地で大規模な国土開発事業が盛んになると、道路や住宅団地の建設予定地などから次々に先史時代の遺物や遺構が発見されました。弥生時代や縄文時代の遺跡だけでなく、旧石器時代の石器や居住痕跡なども発見されるようになり、旧石器時代の日本列島の姿が次第に明らかになっていきました。

これまでに確認された後期旧石器時代の遺跡は北海道から沖縄まで日本列島全

体に分布しています。「旧石器ねつ造事件」を調査した日本考古学協会の報告書には、後期旧石器時代の遺跡は全国で一万二〇〇〇ヵ所を数えると記されています。これは「ねつ造事件」のあとに設立された日本旧石器学会のデータベースから集計したもので、主な遺跡が一覧表にまとめられています。そのなかから日本列島の旧石器時代を代表すると思われる遺跡を選んで日本列島の旧石器時代を描いてみようと思います。

【武蔵台遺跡】

この遺跡は東京都府中市にある都立多摩総合医療センターの敷地で一九七八年（昭和54年）に発見されました。医療センターの前身である都立府中病院の建設工事に先立って発掘調査が行われ、遺跡の存在が明らかになりました。その後、断続的に一〇回にわたって発掘調査が行われた結果、旧石器時代の石器二万七〇〇〇点が出土しました。関東地方で最大級の遺跡です。

近くの多摩川で採取した硬い岩石（チャート、ホルンフェルスなどの岩）を加工した石器のほか、箱根や伊豆で採取された

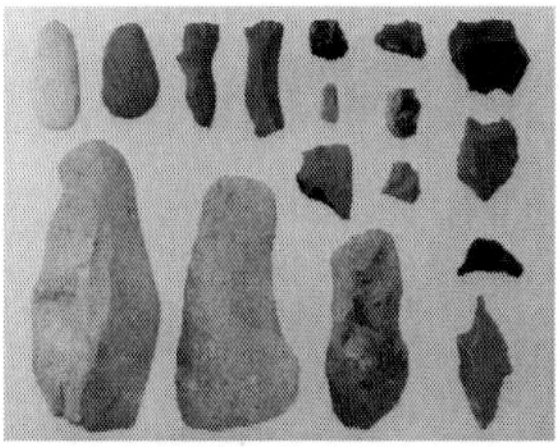
武蔵台遺跡出土の石器群

黒曜石の石器も見つかっています。また刃の部分を磨いた局部磨製石斧も見つかっています。この石の斧を振るって木を切り倒したのでしょうか。出土した石器のうち一七パーセントは三万五〇〇〇年前の地層から出土し、残りの石器は二万年前までの地層から見つかっています。

この遺跡は見晴らしの良い平坦な武蔵野台地にあります。すぐ南には高低差一二メートルの崖（国分寺崖線）があり、きれいな水が湧き出す湧水群に恵まれています。旧石器時代の人々は水の便に恵まれた土地を選んで生活の拠点を設け、一帯の森や川で狩猟採集の生活をしていたと思われます。

現場は病院施設の地下に埋まっていて、現在、遺跡を目にすることはできませんが、この近くには武蔵国分寺跡と武蔵国分尼寺跡があり、史跡公園として整備されています。この国分寺跡や国分尼寺跡からも旧石器時代の石器が発見されていて、三万年以上前の旧石器時代人の生活をしのぶことができます。

【富沢遺跡】 氷河時代で最も寒かった時期は二万年前でした。そのころの日本列島はどのような自然環境であったか、それを示す旧石器時代の遺跡が宮城県にあります。

仙台平野を流れる名取川の下流部、現在の仙台市太白区富沢のあたりは名取川の後背地で、かつては湿地林が広がっていました。一九八八年、小学校の建設工事に伴う発掘調査によって、地表の下五メートルの地層から二万年前の湿地林が姿を現したのです。発見された一〇ヘクタールの湿地林跡には、樹木の幹や根、草の葉、シカの糞など当時の自然環境がそのまま残されていました。その一角に人間が一時的に野営をした痕跡も発見されました。

仙台市は小学校の建設地を変更するとともに、富沢遺跡を旧石器時代の自然環境を示す遺跡として保存する方針を決め、「地底の森ミュージアム」を開館しました。ここでは地下水位の高い現場を地下にそのまま保存する方法が採用され、当時の湿地林や野営の跡が展示されています。

当時の気温は現在より七〜八度低く、植生は高木のトウヒ属やカラマツ属の樹木が主体でした。この自然環境は現在のサハリン（樺太）南部から北海道北部にかけての植生や景観に似ているということです。また野営の跡では炭化物が集中した焚き火の跡を半円形に囲むように一〇〇点ほどの石器が出土しました。折れたナイフ形の石器が出土しており、石器を作って補充していた状況が推定される

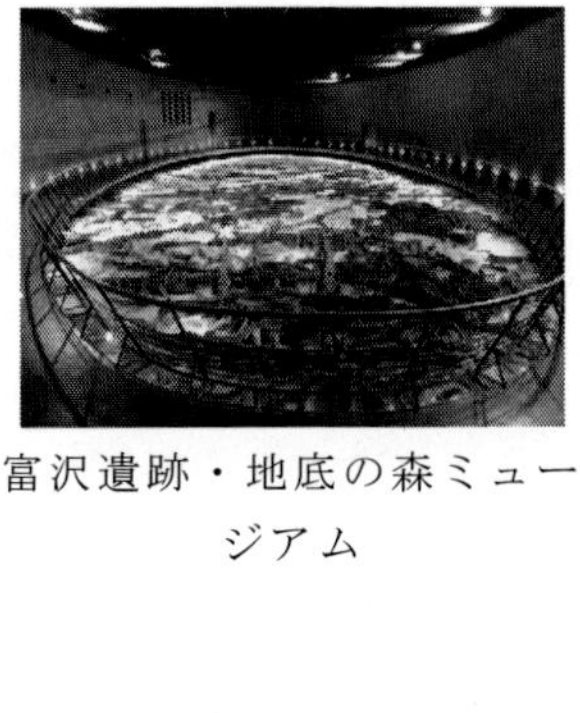
富沢遺跡・地底の森ミュージアム

といいます。二万年前の旧石器時代の人々はキャンプを移動しながら寒冷な気象を好む大型動物の狩りをしていたのでしょう。

【船久保遺跡】

旧石器時代の人々は落とし穴を設けて動物を捕えていました。これを裏付ける遺跡が神奈川県横須賀市で発見されています。二〇一八年（平成三〇年）、西に相模湾を見下ろす三浦半島の道路建設現場で発見された船久保遺跡です。

穴は一メートル×〇・五メートルの長方形で、深さは二メートル。地表から数メートル掘り下げた三万年前の地層に等間隔で一列に並んで発見されました。穴の数は一三基、シカを捕えるための落とし穴と推定されています。

俊敏に動き回るシカやイノシシを狩りで獲るのはなかなかの技術がいります。落とし穴の猟は楽でしょうが、落とし穴を作るのは大変な作業です。獲物がいつどこを通るのか、しっかり観察して場所を選ぶ必要があります。おそらく複数の家族が協力して作業をしたのでしょう。船久保遺跡の人々はすでに三万年前、一定の生活圏に半ば定住し、小規模の集団を作って生活していたことが考えられます。

3万年前の落とし穴
（船久保遺跡）

旧石器時代の落とし穴が見つかるのは稀なことで、三浦半島以外では静岡県の箱根山西麓にある初音ヶ原遺跡などに限られています。神奈川県や静岡県の沿岸は氷河時代も黒潮が流れていて温暖であったと思われます。シカが好む自然環境があったから、落とし穴の猟が生まれたのかもしれません。

【原田遺跡】

この遺跡は島根県奥出雲町を流れる斐伊《ひい》川の中流域で二〇〇五年に発見されました。治水用の尾原ダムを建設する工事に先立って発掘調査が行われ、後期旧石器時代でも古い方の三万五〇〇〇年前の石器類や遺構が見つかっています。

この遺跡の特徴は西に三五キロ離れた三瓶山から一万九〇〇〇年前に噴出した火山灰層や二万九〇〇〇年前に鹿児島県の姶良《あいら》カルデラから噴出した巨大な火山灰層（姶良—丹沢＝ＡＴ火山灰層とよぶ）などが幾重にも重なっていることです。火山灰層に挟まれた地層によって石器や遺構の年代を識別することができるのが特徴です。

ＡＴ火山灰層の下、つまり二万九〇〇〇年以上前の地層からは、刃の部分を磨いた石斧（局部磨製石斧）をはじめ隠岐の島で産出する黒曜石で作った石器などがたくさん見つかっています。氷河時代とはいっても、当時の隠岐の島はやはり日本海に浮かぶ島でしたので、三万年前の旧石器時代の人々がどのようにして黒曜石を運んだのか、興味をそそられます。

また三瓶山の火山灰層の下からは墓の可能性がある穴が発見されています。長さ二メートル、幅一・四メートル、深さ〇・四五メートル、底が平らな楕円形の穴で、調査を担当した島根県教育委員会は「人を葬った墓の可能性がある」と報告しています。仮に墓であったとすると、日本列島の旧石器時代の人々が人間の「死」をどのように考えていたのか想像してみたくなります。

3 万年前の原田遺跡

【サキタリ洞遺跡】

沖縄本島南部の南城《なんじょう》市には石灰岩の洞穴が多く分布しており、洞穴をカフェとして使うなどの観光開発が一九七〇年代から行われてきました。サキタリ洞はそうした石灰岩洞穴群の一つで、観光開発に伴う事業として県立博物館などによる発掘調査が二〇〇九年から続けられてきました。

サキタリ洞は東西に二つの開口部があるホール型の洞穴で、内部の面積は六二〇平方メートル、天井の高さは七メートルです。この西側入り口付近で三万年前の地層から、断片的な人骨（環椎＝首の骨の一部）がモクズガニの爪やカワニナなどとともに発見されました。また二万年以上前の地層からは巻貝を加工した釣り針をはじめツノガイ類を利用した装身具（ビーズ）など多様な貝具類が出土しました。

氷河時代のサキタリ洞は海岸から五キロくらい離れていたと考えられますが、ここで暮らしていた人々は海や川で貝やカニを獲り、海で魚を釣って食料にしていたのでしょう。貝を加工して作った釣り針は世界最古だといいます。このサキタリ洞の発掘調査によって、沖縄での人類の営みは三万五〇〇〇年前に遡ると考えられています。氷河時代の沖縄は中国大陸や日本列島と陸続きであったわけではありません。彼らはどのような手段で海を渡って沖縄にきたのか、大きな謎です。

この謎に取り組んでいる東京国立博物館の研究グループが丸木舟を漕いで台湾から八重山諸島西端の与那国島を目指す実験をしたというニュースが先ごろ報道されました。北上する対馬海流を横切る形になるため、流れの速い海流を丸木舟で漕ぎ渡るのにかなり苦労したようですが、何とかたどり着いたということでした。

旧石器時代の丸木舟が発見されれば、日本列島に渡来した手段の謎は

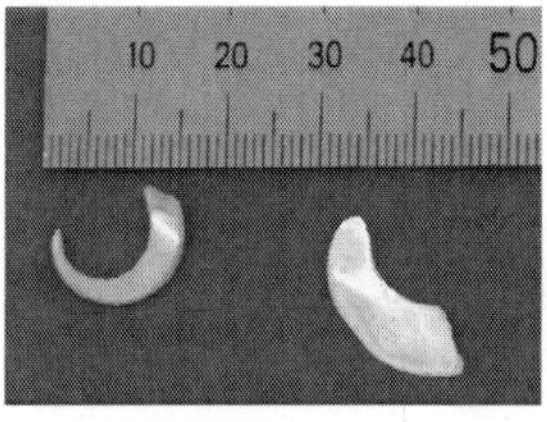

サキタリ洞出土の釣り針

解けますが、まだ旧石器時代の船が発見されたという話は聞きません。しかし、黒曜石の流通状況を考えますと、旧石器時代の人々が海を渡って黒曜石を運んでいたことは確かだと考えられます。丸木舟など何らかの航海手段が旧石器時代にすでに利用されていたのではないかと思います。

【港川遺跡】

日本列島で数少ない旧石器時代の人骨、「港川人」が発見された遺跡です。この遺跡はサキタリ洞遺跡の南一・五キロにある沖縄県八重瀬町の石灰岩採掘場で一九六七年に発見されました。発見者は那覇市の実業家（大山盛保）で、採掘場に口を開けた裂け目のなかでイノシシの化石とともに断片的な人骨を発見しました。

その後も発掘を続けた結果、一九七〇年、石灰岩の割れ目の下部二〇メートルのところで多数の人骨化石が見つかり、そのなかに四体分の全身骨格が含まれていました。この人骨は港川人とよばれています。現場で発見された木炭の年代測定によって、港川人が活動していた時代は二万二〇〇〇年前と推定されています。

港川人が出土した石灰岩採掘場

石灰岩の裂け目のなかで大量の人骨が発見されたのは何故か、その理由は判りませんが、四体分の全身骨格は全般に小柄で、うち一体の男性は身長一五〇～一五五センチと推定されています。顔面はがっしりしていて南方に由来する人々であろうと考えられています。この人々がどのようにして沖縄に渡ってきたか、先にふれた丸木舟の実験はその謎を解く試みとして行われたのでした。

【白滝遺跡群】

氷河時代の北海道は宗谷海峡と間宮海峡の海水面がさがってサハリン、シベリアと陸続きになり、大陸からマンモスなどが渡ってきていました。そうした大型動物の狩人たちも旧石器の槍などを携えて大陸から渡ってきました。このような後期旧石器時代の遺跡が北海道内の各地で発見されています。

このうち網走地方の白滝遺跡群はオホーツク海に流れこむ湧別《ゆうべつ》川の上流部、大雪山系の北東の麓にある黒曜石の原産地です。遠軽町にある赤石山は黒曜石の埋蔵量が数十億トンといわれ、その南側の山麓で、旧石器時代の人々は黒曜石を採取して石器を作っていました。湧別川の河岸段丘の上には一〇〇カ所ほどの旧石器時代の遺跡が発見されています。

二〇〇〇年前後に行われた旭川・紋別自動車道の建設工事にともなって、発掘調査の出土品は飛躍的に増加し、石器類は七五〇万点、一一・八トンに達するといいます。そのほとんどは黒曜石を加工した石器で、この遺跡では二万七〇〇〇年前から一万年にわたって石器の製作が続けられました。北海道の旧石器時代を通じて白滝遺跡群は最大の石器製作拠点でした。

黒曜石は火山のマグマが噴出したときに、海水などで急速に冷やされて生成されるガラス質の岩石です。外見は黒く、割ると非常に鋭い断面が現れるので、先史時代から世界各地で石器の材料として利用されてきました。割り方を工夫することによってナイフや槍の穂先、鏃などいろいろな用途の石器を作ることができます。

その一つに細石刃《さいせきじん》（＝小石の刃）とよばれる石器があります。黒曜石を加工して、剃刀の替刃ほどの大きさの断片をはがし取り、その細石刃を棒の先に刻んだ溝にさしこんで鋭利な刃物を作るのです。細石刃を作る文化は旧石器時代の後半にシベリア方面から広がってきたといいます。

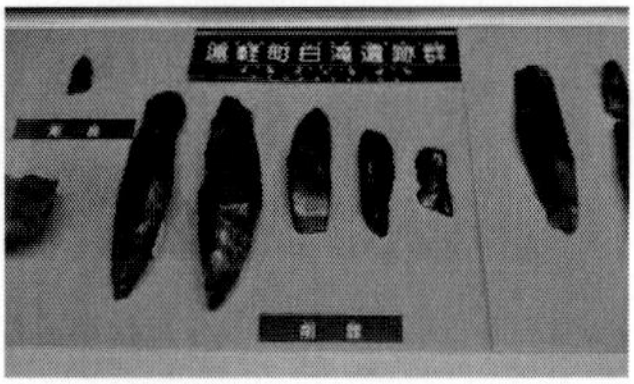

白滝遺跡出土の黒曜石石器

白滝遺跡では「湧別技法」とよばれる技法で細石刃が作られていましたが、この形式の細石刃は道内の遺跡だけでなく、サハリンやシベリアの遺跡でも発見されています。日本列島の旧石器時代はシベリア方面との関係も深かったことを示すものであるといいます。

【はさみ山遺跡】

この遺跡は大阪府藤井寺市の羽曳野《はびきの》丘陵を通る道路建設の際に発見されました。一九七四年の発見以来、大阪府教育委員会などによる発掘調査が続けられ、古墳時代から近世までいろいろな遺物遺構が発見されています。

一九八六年の調査では、羽曳野丘陵の裾野にある緩やかな傾斜地で旧石器時代の住居跡とみられる遺構が発見されました。当時の地表から深さ三〇センチほど掘り下げた、東西六メートル、南北五メートルの楕円形をした窪地で、その周囲から直径二〇センチ前後の柱の穴が七個発見されました。柱の間隔は一・五メートル前後で、円形をしており、柱は全部で一三本あったと推定されています。

穴はそれぞれ中心に向かって傾いて掘られており、柱をさしこむと、先端が窪地の中心に集まる構造になっています。外側には浅い溝がめ

はさみ山遺跡の住居跡

ぐらされていて、まさに竪穴式住居の祖型といえる遺構です。現場では二万二〇〇〇年前と推定されるナイフ形石器や石核《せっかく》が出土しており、旧石器時代の後半にはすでに竪穴式住居で暮らす生活がはじまっていたことを示しています。

【田名向原遺跡】

数は多くありませんが、旧石器時代の住居跡は関東や九州でも発見されています。相模川に近い神奈川県相模原市の田名向原《たなむかいはら》遺跡は数少ない旧石器時代の住居跡で、川原石で囲まれた直径一〇メートルほどの範囲に一二本の柱の穴と二ヵ所の焚き火跡が見つかっています。また石器を作るときにできる剥片や石核が集中して出土しており、槍先の形をした石器の石材には伊豆産や箱根産などの黒曜石が用いられています。

遺跡の年代は二万年前とみられ、はさみ山遺跡とともに日本列島で最古級の建物跡であるといいます。出土した石器片などからみて、この遺跡は石器製作の拠点であったとみられますが、二万年前の旧石器についての情報を知っていて、各地から原材料を取り寄せてここで加工していたのでしょう。

田名向原遺跡の住居跡遺構

黒曜石の産地は北海道の白滝遺跡をはじめ栃木県の高原山、長野県の和田峠、伊豆七島の神津島、島根県の隠岐島、大分県の姫島など全国各地に点在しています。神津島の黒曜石が黒潮を越えて伊豆半島に運ばれ、隠岐島の黒曜石が日本海を渡って中国地方に持ち込まれていたことなども判っています。旧石器時代のヒトとモノの交流は想像以上に広い範囲で行われていたことが明らかになっています。

【以上の要約】

①日本列島の旧石器時代はおよそ三万五〇〇〇年前にはじまった
②旧石器時代の遺跡は北海道から沖縄まで日本列島に広く分布している
③寒冷で針葉樹主体の景観であったが、黒潮の流れる地方は比較的に温暖であった
④水利のよい台地に生活の拠点を設け、野営をしながら狩りをしていた
⑤海や川からも食料を獲得し、一部では落とし穴を設けて獲物を得ていた
⑥旧石器時代の早い時期から局部を磨いた石斧を使っていた
⑦黒曜石の石器など遠く離れた地域の間で人と物の交流があった
⑧丸木舟のような手段で日本列島をとりまく海を渡っていた

⑨墓と思われる遺跡もあり、死者の埋葬がはじまっていた
⑩竪穴式住居の祖型のような住居跡が発見されている

日本列島の先史時代に土器が出現して縄文時代がはじまるのは一万六五〇〇年前のことです。それに先立って日本列島の旧石器時代人はすでに竪穴式住居を作り、多種多様な食料を得て生きていたといえるでしょう。石器の様式や時代区分などにあまりふれませんでしたが、細石刃石器など精巧な技術を身に付けていたことが明らかになっています。日本列島の縄文文化はこうした旧石器時代の文化を基礎として生まれたといえるでしょう。

以下、第Ⅶ章では、世界遺産に推薦された北海道・北東北の縄文遺跡群を中心に日本の縄文文化をとりあげ、世界の先史時代のなかで縄文時代がどのような特色をもっているか、考えることにします。

第Ⅶ章　世界から見た縄文時代

日本政府は二〇二〇年一月、「北海道・北東北の縄文遺跡群」を世界文化遺産に推薦する手続きをとりました。推薦書での地域名は「Northern Japan」（北日本）となっていますが、日本国内では「北海道・北東北」の地域名を使うことになっていますので、この本ではそれに従うことにします。

推薦書の提出をうけて、ユネスコの諮問機関であるICOMOS（イコモス、国際記念物遺跡会議）は、二〇二〇年九月、世界遺産としての価値を専門的な立場から評価する現地調査を行いました。その評価報告書は二〇二〇年五月、ユネスコの世界遺産委員会に提出されました。

二〇一九年現在、世界遺産に登録された日本の文化遺産は法隆寺をはじめ姫路城や広島の原爆ドームなど一九件、自然遺産は白神山地や知床など四件、合わせて二三件になっています。奄美大島などの自然遺産と北海道・北東北の縄文遺跡群が世界遺産に加えられると日本の世界遺産は二五件となります。

1 北海道・北東北の縄文遺跡群

北海道・北東北の縄文遺跡群を世界遺産に登録しようという運動は二〇〇二年にはじまりました。北海道と青森・岩手・秋田の四道県による知事サミットで「北の縄文文化回廊づくり構想」が提唱され、これをうけた文化庁が二〇〇九年に世界遺産暫定リストに記載しました。世界遺産への登録が実現すれば、運動がはじまってから二〇年ぶりに関係者の願いが叶うことになります。

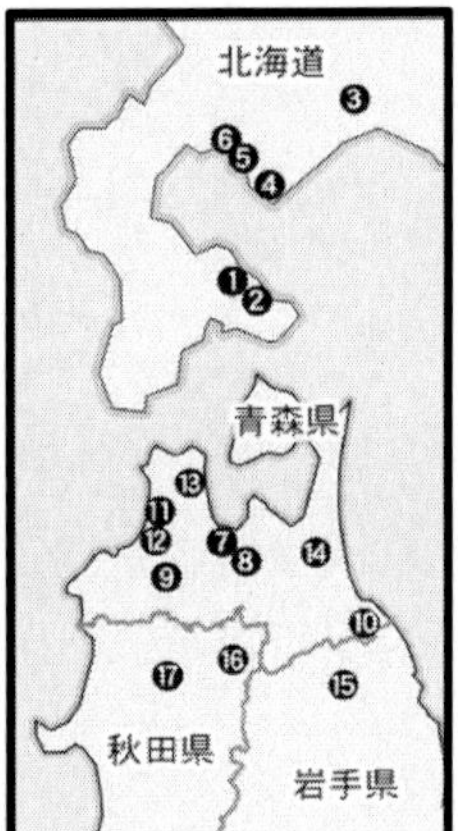

それでは北海道・北東北の縄文遺跡群について、概要をみることにしましょう。日本政府が世界遺産に推薦した縄文遺跡群の構成資産は図表1の通り、北海道で六件、青森県で八件、岩手県で一件、秋田県で二件の一七件となっています。地図の通り、津軽海峡を挟んだ二つの地域に同じ文化圏が形成されたことがわかります。

多くの貝塚が含まれ、墓や環状列石など縄文時代の信仰や精神世界を示す遺跡が数多く含まれています。一部の遺跡は内陸部にありますが、多くは日本海、津軽海峡、太平洋の三つの海の海岸線から比較的に近い場所に位置していて、縄文時代の人々が海を生活の場にしていたことを示しています。

日本列島の縄文時代は一万六〇〇〇年前にはじまり、三〇〇〇年前に終わったとされています。一万年以上も続いた日本列島の縄文時代は、世界史のうえでは中石器時代ないしは新石器時代に相当する時代です。旧石器時代と縄文時代の違いは土器と弓矢の発明があり、貝塚が形成されるとともに竪穴式の住居が普及して定住生活が進んだことが挙げられます。

日本列島で発見された縄文遺跡は九万ヵ所を超えており、発掘された土器の形態や文様などは実に多様ですが、この土器を手がかりに縄文時代は草創期、早期、前期、中期、後期、晩期という六つの時代に区分されています。次の図表2は北海道・北東北の縄文遺跡群一七の遺跡がどの時代のものかを示したものです。

草創期の大平山元《おおだいやまもと》遺跡から晩期の亀ヶ岡《かめがおか》遺跡まで、縄文時代の各時期の遺跡が網羅されています。それぞれの遺跡について、簡単に説明しておきましょう。

図表1『北海道・北東北の縄文遺跡群』の構成資産

所在地		遺跡名
北海道	函館市	①大船遺跡
	函館市	②垣ノ島遺跡
	千歳市	③キウス周堤墓群
	伊達市	④北黄金貝塚
	洞爺湖町	⑤入江貝塚
	洞爺湖町	⑥高砂貝塚
青森県	青森市	⑦三内丸山遺跡
	青森市	⑧小牧野遺跡
	弘前市	⑨大森勝山遺跡
	八戸市	⑩是川石器時代遺跡
	つがる市	⑪田小屋野貝塚
	つがる市	⑫亀ヶ岡石器時代遺跡
	外ヶ浜町	⑬大平山元遺跡
	七戸町	⑭二ッ森貝塚
岩手県	一戸町	⑮御所野遺跡
秋田県	鹿角市	⑯大湯環状列石
	北秋田市	⑰伊勢堂岱遺跡

（図表 2）　北海道・北東北の縄文遺跡群（時代区分）

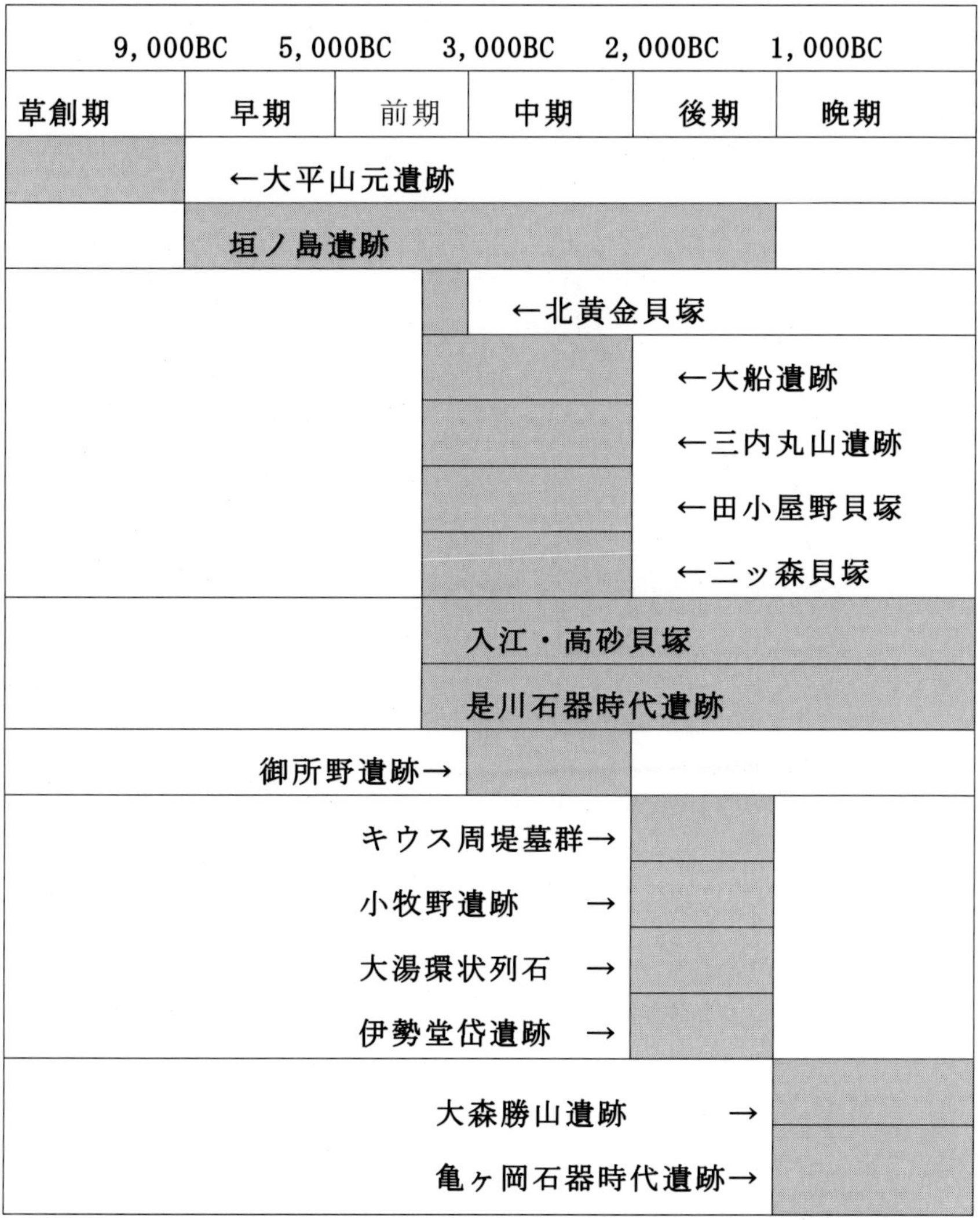

【大平山元遺跡】

津軽半島の東岸、陸奥湾に近い縄文時代草創期の集落遺跡で、一万六五〇〇年前と測定された文様のない土器が破片の形で出土しています。日本はもちろん、世界でも最古級の土器で、内側に炭化物が付着していたことから煮炊きに使っていたことがわかります。この遺跡から発見された石鏃も世界最古級といいます。

【垣ノ島遺跡】

太平洋に面した海岸段丘にある集落の遺跡で、縄文時代の早期から後期末まで六〇〇〇年間も定住生活が営まれていました。七〇〇〇年前とみられる世界最古級の漆の製品が出土しています。また四〇〇〇年前に構築されたとみられる長さ一九〇メートルの盛土遺構が発掘されており、何らかの祭祀あるいは儀礼に使われたものといいます。

【北黄金貝塚】

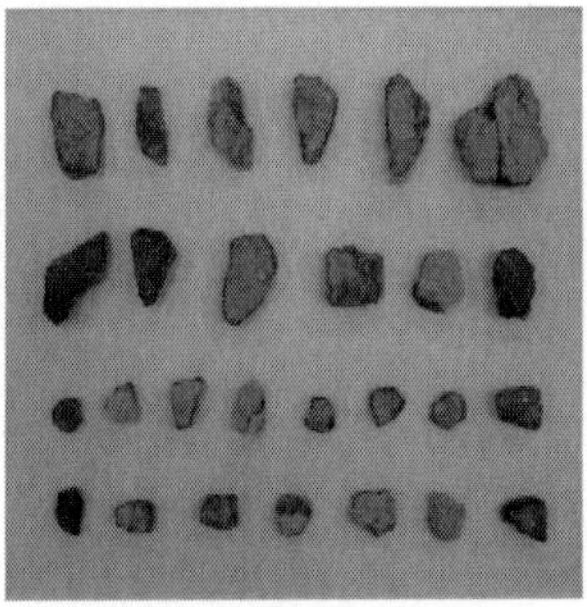

大平山元遺跡の土器片

垣ノ島遺跡盛土遺構の全景

北海道南部の噴火湾に面した縄文時代前期の集落遺跡で、五つの貝塚が発見されています。貝塚の位置は気象の変動で変化した海岸線と連動しており、自然環境の変化に応じて生活の場を移動させていたことがわかります。貝塚からはハマグリ、ホタテなどの貝類やマグロ、ヒラメなどの魚類の骨とともにオットセイやクジラの骨がたくさん出土していて、海の幸で生きる暮らしをしていたことがわかります。

【大船遺跡】

太平洋に面した海岸段丘の上にあり、縄文時代の中期にかけて一〇〇〇年以上続いた集落遺跡です。一〇〇基以上発見された竪穴式住居跡は床面を深く掘りこんだ大型のものが多く、クジラやオットセイの骨のほかクリが出土しています。

竪穴の床面が深いのは寒さ対策として合理的であり、縄文人の生活の知恵をみました。

復元された北黄金貝塚

大船遺跡の竪穴住居跡群

【三内丸山遺跡】

陸奥湾に注ぐ沖館川右岸の段丘上に立地する大規模な集落遺跡で、遺跡の広さは四二ヘクタールに及びます。竪穴式の住居群をはじめ掘立て柱の大型建物や高床式の建物に加え、直径一メートル前後のクリの大木を空高く建てたと思われる建築物の遺構が発見されました。遺跡の中央部を通る形で道路が作られており、道路に沿って列状に並んだ土坑墓群が発見されています。大規模な工事を行うことができる社会であったことがわかります。

三内丸山遺跡からは膨大な量の土器や石器に加え、骨角器や木器が出土しており、さまざまな手段で食料を得ていたことがわかります。とくに注目すべきことは遺跡で採取した土壌から通常よりはるかに多いクリやクルミなどの花粉が検出されたことです。研究の結果、三内丸山遺跡では遺跡の周辺にクリやクルミなどの堅果類の林が人為的に作られていたことがわかりました。クリの実を採取して食料とし、クリの木材を住居などの建築資材として使っていたと考えられています。

ここで暮らしていた人々の精神生活を伝えるものとして、二〇〇〇点を超える土偶が出土しています。また新潟県糸魚川産のヒスイを加工した見事な大珠も発見されています。これは新潟県から青森県までヒスイが運ばれてきたことを意味し、五〇〇〇年前の縄文時代中期に、日本列島の各地を結ぶネットワークが存在していたことを示しています。日本列島の縄文文化を今に伝える代表的な遺跡といえるでしょう。

三内丸山遺跡の全景

復元された六本柱建造物

等間隔に並んだクリの柱根

共通する円筒土器

特徴的な板状土偶

糸魚川産のヒスイ大珠

【田小屋野貝塚】

津軽半島の日本海側に近い貝塚遺跡で、縄文時代前期の中ごろ（六〇〇〇年前）から中期の中ごろ（四五〇〇年前）までに形成されました。ヤマトシジミなどの貝類を中心に海獣の骨で作った骨角器などが出土しています。

とくにベンケイ貝で作った貝輪（ブレスレット）が大量に出土し、未製品も多いことから集落で貝輪の製造が行われていたことがわかりました。これと同じ貝輪が北海道で出土し、逆に北海道産の黒曜石がこの遺跡で見つかっていることから、津軽海峡を越えた交流が盛んに行われていたことがわかりました。

ベンケイ貝の腕輪

【二ッ森貝塚】

青森県の東部、太平洋に面した小川原湖近くの台地に、大規模な貝塚を伴う集落の遺跡が発見されました。縄文時代の前期から中期の末ごろまで（五五〇〇～四〇〇〇前）に形成された二つの貝塚があり、前期の貝塚では海水性の貝類、中期の貝塚では汽水性の貝類が集積しています。この時代は気象変動によって海水面が上昇した縄文海進の時代であり、やがて海

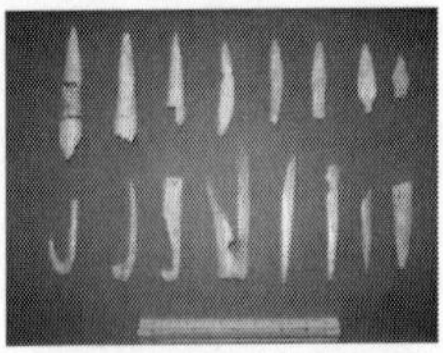
釣り針などの骨角器

水面が下降したことにあわせて食料資源が変化したことを示しています。
集落からは埋葬されたイヌが見つかっており、縄文時代の人々がイヌを大切にしていたことがわかります。

【入江・高砂貝塚】

この二つの遺跡は北海道・洞爺湖町の噴火湾を望む台地の上にあります。縄文時代の前期の末（五五〇〇年前）から晩期（二八〇〇年前）にかけて形成された貝塚を伴う集落の遺跡で、貝塚から発見された釣りの道具や銛などから、発達した漁労文化が続いていたことがわかります。また貝塚が墓地として繰り返し利用されていたことも明らかになっており、貝塚そのものが神聖視されていたことを示しています。

銛頭などの漁具

【是川石器時代遺跡】

青森県八戸市を流れる川の河岸段丘に、縄文時代前期から中期にかけての二つの遺跡と晩期の遺跡があります。これを総合して是川遺跡といいますが、このうち晩期の遺跡は小規模ながら居住域と墓域、加工場や祭祀場など多様な遺構が見つかっています。低湿地にあった捨て場からはトチの実の殻が大量に見つかり、水にさらしてアク抜きをする場所も発見されました。

集落の周辺は住民によってトチやクルミなどの林が作られ、その周りの里山を経て狩場である自然林につながる生態系があったということです。またウルシの液を採取するための林も人工的につくられ、ウルシの管理が計画的に行われていました。高度の技術を示す漆製品が出土しています。

漆塗りの器（木胎製）

【御所野遺跡】

岩手県北部にあるこの遺跡は縄文時代中期（四五〇〇〜四〇〇〇年前）の大規模な集落の遺跡です。集落の中央に広場があり、そこに設けられた墓地を囲んで竪穴の建物や祭祀に使う盛土遺構が発掘されています。さらにその外側の東西に竪穴の建物群が密集した形で配置されていました。

盛土遺構からは焼かれた獣骨が見つかっていて、動物の魂を送る「火送り」のような儀式が行われていたのではないかといいます。また土坑墓をとりまくように石を配置した直径三〇～四〇メートルの環状配石遺構が発見されていて、縄文人の精神生活を示しています。

【キウス周堤墓群】

周堤墓というのは地面に円形の竪穴を掘り、掘りあげた土を周囲に環状に積み上げることで大規模なドーナツ状の周堤が造られます。その円形の区画のなかに複数の墓を作る形式を周堤墓といいます。

北海道・千歳市では、縄文時代後期（三二〇〇年前）に作られた周堤墓九基が発見されています。周堤の直径は一八～七五メートル、竪穴の底から周堤の上までの高さは最も深いもので五・四メートルあります。これだけの土を掘りあげる作業はかなり大変でしたでしょうが、祖先を敬う気持ちをこめて、こうした葬送の文化を守ったのでしょう。

冬の御所野遺跡

直径 75m の周堤墓

【小牧野遺跡】

この遺跡は八甲田山の西の麓に広がる舌状台地（舌を突き出したような形の台地）にあり、青森平野を一望できます。この台地の上に縄文時代後期（四〇〇〇年前）に造られた環状列石があります。

ここの環状列石は円形の中心部に直径二・五メートルの石組みがあり、これをとりまくように二重の環状列石があります。内側の環状列石は直径二五メートル、外側は三五メートル。縦長の石が縦横に繰り返し並べられ、石垣を築いたように見えます。環状列石に隣接する墓域などから土偶やミニチュア土器、三角形の岩板など、祭祀に用いられたとみられる遺物が出土しており、何らかの祭祀の空間であったことを示しています。

特殊な石組みの小牧野遺跡

【大湯環状列石】

青森県との県境に近い秋田県の山間部、米代川の上流に位置する縄文時代後期（四〇〇〇～三五〇〇年前）の遺跡で、標高一五〇メートルの台地の上に、大小、無数の川原石を円形状に並べた二つの環状列石があります。環状列石の直径は万座遺跡が五四メートル、野中堂遺跡が四四メートルと日本最大のストーンサークルです。日本の縄文遺跡を代表するものとして三内丸山遺跡とともに国の特別史跡に指定されています。

環状列石の周囲に堀立て柱の建物などが配置され、土器や石器など日常の道具類とともに土偶や土版、石棒、石刀など祭祀に用いたと思われる道具類が多数、出土しています。環状列石は縄文人の祭祀の場として多数の労力を注ぎ込んで建造されたものでしょう。

環状列石は二重の同心円の形で構築されていて、その一角に日時計のように見える石組みがあります。夏至の日の太陽は同心円の中心とこの石組みを結ぶ直線のかなたに沈むことが判っています。縄文時代の人々が太陽の運行と季節の変化を意識し、四季を区分する「二至二

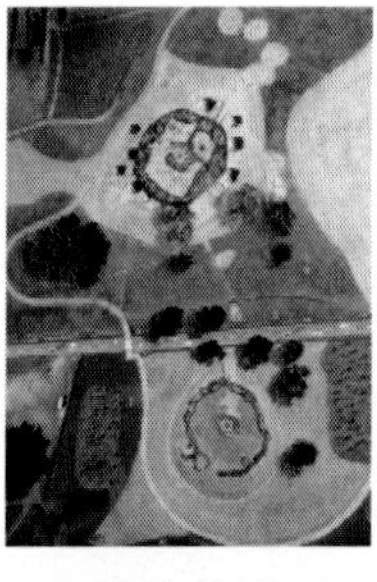

大湯環状列石

日時計状の石組み

大湯環状列石・夏至日没

分」を知っていた証拠と考えられています。

【伊勢堂岱遺跡】

これも環状列石を主体にした遺跡で、秋田県北部を流れる米代川中流域の河岸段丘で発見されました。見晴らしの良い丘の上に四つの環状列石が並んでおり、最も大きなものは直径四五メートルもあります。五キロ以上離れた河原から大量の石を運び、環状列石を配置する場所に厚く盛土をするなど、大がかりな土木工事をしたことが明らかになっています。

環状列石の下には死者を埋葬した土坑があり、二〇〇点あまりの土偶をはじめ動物の形をした土製品や石剣など何らかの祭祀に関係した道具類も大量に見つかっています。さらに環状列石の東側からは一〇〇メートルを超える溝のような遺構が発見されています。この遺跡には多大な時間と労力が注がれていたと実感します。

この遺跡は大湯環状列石と同じ縄文時代後期（四〇〇〇〜三七〇〇年前）に造られたものですが、米代川中流域の多くの集落の人々が力を合わせて地域の祭祀センターを作ったのではないかと思いました。

白神山地を遠望する
伊勢堂岱遺跡

【大森勝山遺跡】

青森県の名峰岩木山の東の麓にある縄文時代晩期（三〇〇〇年前）の遺跡です。標高一四五メートルの丘を整地した場所に長径四八メートルの楕円形の環状列石があり、この場所から岩木山の頂が望めます。出土した円盤状の石製品などからここも祭祀の場であったと考えられています。

この遺跡は冬至の日に太陽が岩木山の頂に沈むのを望む地点にあります。また一〇〇メートル離れた地点で発見された大型建物跡も環状列石と岩木山の山頂を結ぶ直線上にあります。ここで暮らしていた縄文時代の人々は太陽の運行を正確に認識し、計画的に土地を利用していたことがわかります。

秀麗な岩木山を望む場所に祭祀の場を設けた縄文人の心をどうみるか。縄文人は大自然に対して大変な畏敬の念をいだいていて、それを顕わすために地域の人々が心を合わせて壮大な記念物を造営したのではないかと考えています。

岩木山を遠望する環状列石

【亀ヶ岡石器時代遺跡】

この遺跡は青森県の西部、津軽平野の一角にある縄文時代晩期**（三〇〇〇〜二三〇〇年前）**の集落遺跡です。小高い丘にある墓域からさまざまな副葬品が発見され、この丘の周りに広がる低湿地から造形的に優れた多くの土器や土偶、ヒスイ製の玉類などが出土しています。

なかでも有名なのは極北民族が雪の照り返しから目を守るために使うスノーゴーグルのような目の表情をした「遮光器土偶」です。これは海外でも日本の縄文文化を代表する造形として評価されています。また出土した「亀ヶ岡式土器」は薄手の精巧な作りで、赤い漆を塗った土器はこれが縄文時代の作品かと思わせるほど、高い技術と美意識を示しています。

亀ヶ岡の遮光器土偶

精巧な漆塗り土器
（亀ヶ岡遺跡出土）

2　縄文時代の特色

北海道・北東北の縄文遺産群が世界遺産に登録されるためには、「なぜ世界遺産に値するのか」について説得力のある説明をして、ICOMOSをはじめ世界遺産委員会の関係者の理解を得ることが必要です。人類の歴史のなかで日本列島の縄文時代がどのような意味をもっているのか、そのような視点から縄文時代の特色をとらえてみることにしましょう。

①　農耕を伴わない定住生活

まず日本列島の縄文時代は狩猟と採集、そして漁労を基盤にして早い時期から定住生活に入っていました。

大平山元遺跡で世界最古級の土器が出土したように、一万六五〇〇年前という氷河時代の終末期から、日本列島では土器の利用がはじまっていました。多くの土器を持って移動することは困難ですから、土器の利用は定住生活の出現を意味します。垣ノ島遺跡のように、竪穴式住居の集落が一万年以上前に出現し、六〇〇〇年にわたって定住生活が続いていたことも注目に値します。

縄文時代の人々はどのようにして食料を得ていたのか。大平山元遺跡で発見された土器の内側に炭化物が付着していたことは土器が煮炊きの道具であったことを示しています。煮炊きすることによって、そのままでは食べられない食材を食料にすることができます。野草や木の実のアク抜き、さらには毒消しの効果も期待できます。土器の利用は採集によって多種多様な植物を食料にすることを可能にしました。

大平山元遺跡で世界最古級の石鏃が発見されたことも弓矢の利用が早い時期からはじまっていたことを意味します。温暖な対馬海流が流れ込む津軽海峡一帯は落葉広葉樹林が拡がり、その森にはシカやイノシシ、ウサギやムササビなど中小型動物が多く生息していたのでしょう。二ツ森貝塚で犬が埋葬された姿で見つかったことは、犬が古くから狩りのパートナーであったことを示しています。

北海道・北東北の縄文遺跡群には北黄金貝塚など多くの貝塚が含まれています。これらの貝塚から出土した貝殻や魚の骨、アザラシなど海獣の骨は漁労が生活を支える重要な生業であったことを示しています。マグロやイルカなどの骨も出土しており、日本列島の縄文時代人は早くから海に乗り出し、森の幸とともに海の幸を食料にしていたことがわかります。

三内丸山遺跡を例にとりますと、集落の谷間にゴミ捨て場があり、ここからさまざまな遺物が発見されています。大量の土器の破片をはじめ、食料にした動物や魚の骨、植物の種子、日用品と思われる木製品など出土品は多種多様で、植物の繊維で編んだ編物の残欠も出土しています。豊かな生活が営まれていたことを示しています。

遺跡のボーリング調査によって、クリの花粉が驚くほど大量に検出されたことは注目に値します。自然界ではありえないほど大量に検出されたことはクリ林が人為的に形成されていたと解釈する以外には説明できません。三内丸山遺跡の縄文人は自然界のクリの樹を選別し、大きなクリの実がなる樹を残す形で集落の近くにクリ林を創ったものと考えられます。

先史時代の世界をみますと、氷河時代が終わった西アジアでムギの栽培がはじまり、東アジアでもコメの栽培がはじまりました。やがて灌漑農耕の技術が生まれ、農耕と牧畜を基盤にした定住生活が拡がりました。農耕と牧畜を伴わない定住生活が実現した日本列島の縄文時代は世界的にみて希有なことであり、人類文化の発展にはいろいろな道があったことを教えてくれます。

縄文のポシェット

② 成熟した精神世界

北海道・北東北の縄文遺跡群からは口縁部が外側に反った円筒土器が各地で発掘されています。世界最古級の土器が発見されたこの地域では、長い年月をかけて土器造りの工夫が重ねられ、共通の土器文化圏が成立したものとみられます。垣ノ島遺跡で最古級の漆製品が発見されましたが、ウルシを扱う技術も長い年月の間に進化し、亀ヶ岡遺跡で発見された赤漆塗り土器は高度に洗練された美意識を感じさせます。

土器とともに縄文文化の成熟した精神世界を示すのはさまざまな表情をした土偶です。三内丸山遺跡からは二〇〇〇点を超える土偶が発見されています。大きく口を開けた十字型の土偶は何を叫んでいるのでしょうか。亀ヶ岡遺跡から出土した「遮光器土偶」の眼は何を意味しているのでしょうか。いろいろな解釈がありますが、デフォルメされた眼をよく見ると、瞳を閉じているように見えます。あるいは死者の顔を表現したのかもしれません。

共通する円筒土器

北海道・北東北の縄文遺跡群には入っていませんが、青森県八戸市の風張《かざはり》遺跡から出土した土偶は膝を立てて座り、胸の前で手を合わせる姿から「合掌土偶」とよばれています。縄文人の祈りの姿を表現したものでしょう。また函館市の著保内野《ちょぼないの》遺跡から出土した中空土偶「茅空《かっくう》」は墓とみられる土坑から発見されました。土偶が葬送儀礼と関連して作られた可能性を示しています。内部が空の薄手の土偶を作るには高度の技術が必要であり、表現の独創性とともに高度の知力を感じさせます。

縄文時代の人々の寿命は長くはありませんでした。縄文人の骨を調べた研究では、平均寿命は三〇歳余であったといいます。死産は多く、乳幼児の死も身近なことでした。日本列島で出土した土偶はすべて乳房が表現されており、腹部が膨らんだ豊満な女性像が多いことも大きな特徴です。土偶がこのように造形された意味はなにか。おそらく、安産や多産を祈った縄文人の精神世界を顕わしています。

千歳市のキウス周堤墓群は大変な労力を注いで墓域を造ったこ

合掌土偶（風張遺跡）

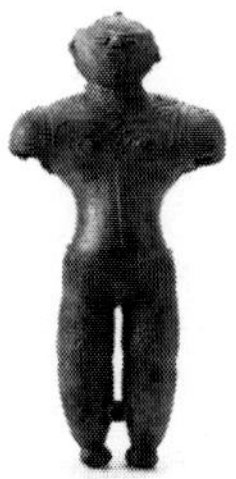
中空土偶
（著保内野遺跡）

とを示しています。青森市の小牧野遺跡、鹿角市の大湯環状列石、北秋田市の伊勢堂岱遺跡に残る環状列石も大量の川原石を遠方から運ぶという大変な労力をかけたことを示しています。環状列石には死者を葬った土坑があり、葬送の場を作るために長い歳月をかけて働いたことでしょう。

こうした大規模の土木工事を達成するためには、世代を超えた多くの人々が工事の目的について共通の思いをもち、協力して作業を進めることが求められます。おそらく、死者の霊を「あの世」に送ることは「この世」にいる人の最大の務めであると考えられていたのでしょう。

いきなり「あの世」と「この世」という言葉を使いましたが、死者が旅立つ「あの世」は秀麗な山の頂にあると信じられていたと思います。弘前市の大森勝山遺跡で発見された環状列石は秀麗な岩木山を望む高台に設けられていました。「この世」を去った死者の霊は秀麗な山頂にある「あの世」に行くと信じていたのでしょう。大湯環状列石でも北東の方角にきれいな三角形をした黒又山を望むことができます。また伊勢堂岱遺跡の環状列石からは世界自然遺産「白神山地」の山並みを遠望することができます。

大湯環状列石のところで説明しましたが、環状列石の中心と日時計のような石組みの立石を結んだ線上に、夏至の日の太陽が沈むことが確かめられています。三内丸山遺跡で発見された六本柱の遺構でも、六本柱の長軸の延長線上から夏至の日の太陽が昇ることが確かめられています。日本各地にある縄文遺跡でもこうした太陽の運行を意識した遺構がたくさん発見されています。

日本列島の縄文時代人は夏至・冬至と春分・秋分のいわゆる「二至二分」について季節の分かれ目であることを理解し、それを確認するために、環状列石のなかに日時計のような石組みを造ったのでしょう。このような天文知識をもつためには、長い年月にわたって太陽の運行を観察し、それを何らかの形で記録していたのでしょう。縄文人はじゅうぶんに成熟した知的能力をもっていたと考える方が自然だと思います。

③ 一万年続いた戦争のない社会

縄文時代草創期の大平山元遺跡から晩期の亀ヶ岡遺跡まで縄文時代は一万年以上にわたって継続しました。人間を殺傷するために作られた武器はなく、墓地に埋葬された人骨に殺傷の痕跡は見られません。

縄文時代の集落には石垣や土手などの防御設備は見あたらず、集落の周りに堀をめぐらした環濠集落が出現するのは弥生時代になってからです。人間の社会ですから家と家の間の争い事はあり、時には殺傷事件もあったでしょう。しかし、一万年続いた縄文時代を通じて、集落と集落、地域と地域の間の組織的な戦闘はなかったと考えられています。

三内丸山遺跡から新潟県糸魚川産のヒスイの大きな珠が出土しました。また秋田県で採取されたアスファルトが北海道の垣ノ島遺跡で見つかっています。さらに北海道産の黒曜石が津軽海峡を渡って、青森県などで発見されています。地域を超えた交流が平和的に行われていたことを示しています。

環濠や防御設備のない集落の構造は協調的、開放的な社会であったことを示し、戦争のない安定した社会が一万年にわたって継続したことは特筆すべきことでしょう。ユーラシア大陸では気象変動によって引き起こされた民族移動が何回も起こり、その間に灌漑用の水を争う戦争も起こりました。日本列島で一万年も戦争のない社会が続いたのは海によって大陸から切り離されていたからでしょう。

以上、北海道・北東北の縄文遺跡群は、物質的にも精神的にも成熟した文化が継続的に安定して形成されたことを示しています。ユネスコは世界文化遺産に登録する基準の一つとして「ある文化的伝統又は文明の存在を伝承する物証として無二の存在である」ことをあげています（評価基準ⅲ）。北海道・北東北の縄文遺跡群を「文明」というかどうかは別にして、「ある文化的伝統の存在」を伝える証拠であることは間違いないことでしょう。

ユネスコは文化遺産を登録する別の評価基準として「あるひとつの文化を特徴づけるような伝統的居住形態、もしくは陸上・海上の土地利用形態を代表する顕著な見本である」こととともに「人類と環境のふれあいを代表する顕著な見本である」ことをあげています（評価基準ｖ）。北海道・北東北の縄文遺跡群がこの評価基準に適合するかどうか、遺跡群の特色をこの視点で整理してみましょう。

④ 日本の風土に適合した住居と集落

多くの縄文遺跡は海辺や川岸から遠くない小高い台地の上に立地しています。日当たりが良く、近くに小川や湧き水がある場所を選んで集落を作っています。集落の周りには木の実を採取できる森があり、狩りの対象となる獣が生息しています。このような条件を満たす場所を選んで縄文人は竪穴式住居を作り、広場を囲むような形で集落を作ってきました。

竪穴式住居は保温効果を求めて地表から腰の深さ程度まで掘り下げ、クリの丸太などを組み合わせて柱としていました。屋根は茅などの植物を束ね、茅などの防虫効果を求めて室内の炉で火を燃やしていました。このような竪穴式住居は江戸時代の東北地方でも見られたことで、まさに伝統的居住形態といえるでしょう。クリの樹や茅などの建築資材を調達しやすい日本の風土に適合していたからでしょう。

⑤ 計画的な土地利用を示す集落構造

集落の規模が大きくなると、三内丸山遺跡でみたように、住居、墓、貯蔵穴、祭祀空間、捨て場、道路などが計画的に配置されました。道路や六本柱遺構などを造るには多くの人手が必要です。その労働力を動員し、効率的に作業を進めるためには指示命令系統が整った一定の社会組織が存在していたのではないかと思われます。

その社会組織がどのようなものであったか明らかではありませんが、三内丸山遺跡の場合、道路に沿って配置された一般の土坑墓とは別に、円形に石を組んだ格上の墓があることから宗教的指導者である長老が社会を動かしていたのでしょう。しかし、墓の副葬品などからみて王のような存在ではなかったと思われます。

⑥ 自然と共生した循環型の縄文社会

氷河期が終わったあと、地球の温暖化によって海水面が上昇しました。日本列島も縄文海進が進行し、現在の海岸線より内陸部に貝塚が形成されました。植生も変化し、堅果類の多い落葉広葉樹林が拡がりました。日本列島の縄文人はこうした自然環境の変化に適応し、海の幸と森の幸を巧みに利用して生きてきました。

広く人類史をみますと、狩りの獲物を獲りすぎて対象となる動物が絶滅してしまうような事例があります。焼き畑農耕で森を大規模に焼き払ったために森が消失してしまった事例もあります。一定の食料資源を集中して求めた結果、自然がバランスを崩して動物の絶滅や森林の消失といった事態が生まれたのでしょう。

日本列島の縄文時代にはこうしたことはありませんでした。縄文人は春、野の若草を摘み、海辺で貝を拾いました。夏、海に乗り出し、魚や海獣類の漁をしました。秋、クリなどの木の実を集め、遡上するサケを獲りました。冬、雪の積もった森で狩りをして過ごしました。このように四季折々の食料資源を口にする生活を毎年繰り返していたのです。

縄文人にとって食料は大自然が与えてくれたものでしたから、必要以上に狩りをしたり、木の実を集めたりすることはありませんでした。したがって狩りの獲物は繁殖を保ち、森は木の実を絶やしませんでした。このように自然と共生する循環型の社会だったからこそ、一万年にわたって平和に定住生活を営むことができたといえるでしょう。

自然との共生を基本にして、持続可能な定住生活を実現したことは人類の今後のあり方に重要なヒントを与えるものとして世界遺産に値するといえるのではないかと思います。

終章　縄文時代からのメッセージ

この終章では、おさらいを兼ねて先史時代から現代までの人類の歩みを駆け足で概観し、人類が今後、どこに向かうのか、問いかけてみたいと思います。それは科学技術の発展と資本主義経済に支えられた現代社会が、人口問題、資源エネルギー問題、地球環境問題などで大きな曲がり角を迎えていると感じているからです。

先史時代からの人類史という時間軸の長い物差しを使うと、現代社会が直面している問題の本質が見えてくるのではないか。そのとき日本文明の源流である縄文文化から有効な示唆を得られるかもしれない。こう考えて、私はこの終章を書くことにしました。コロナ禍を経験した人類はどこに向かうのか、老ジャーナリストの危惧の思いを書きました。論旨の未熟をお許しいただきたいと思います。

1　人類史上の五大事件

【直立・二足歩行】

アフリカ・タンザニアのオルドヴァイ渓谷で人類の進化を示す多くの化石人骨が

発掘され、火口原にある火山灰の地面に猿人の親子が残した二足歩行の足跡が発見されました。この遺跡は三二〇万年前と推定され、世界遺産になっています。

人類が森を離れて二足歩行をはじめたことは人類史上の第一の事件です。エチオピアで発見されたアファール猿人の化石人骨、愛称「ルーシー」は直立二足歩行をしていたことが明らかになっており、人類の誕生は少なくとも四百万年前に遡るとされています。

直立して二足歩行をはじめますと、両手を自由に使って道具を持ち歩くことができるようになります。最初の道具は何であったか。手ごろな木の枝を振り回したのが最初の道具であったかもしれません。チンパンジーも手の届かない果物を掻きよせるために、木の枝を使うことがあるそうです。あるいは狩りのとき、手ごろな石ころを拾って獲物に投げつけたかもしれません。この石ころも人類が使った道具といえるでしょう。ただ加工した痕がないと、道具とは決められません。

エチオピアのオモ川下流域で発見された化石人骨は「ホモ・ハビルス」とよばれます。これは「能力あるヒト」という意味で、道具を作る能力をもっていたことを表しています。この遺跡からは原始的な石の斧がみつかっていて、人類最古（二五〇万年前）の打製石器といわれています。

しかし、石斧をもっていてもヒトはライオンなどの猛獣にはかないません。猛獣には集団行動で対抗するほかありません。集団行動にはお互いの意思を通わせることが必要で、人類は進んだ言語を使いはじめました。言葉の使用は大脳を発達させ、人類が獲得したさまざまな情報を整理し、保存し、世代を超えて伝達するうえで大きな役割を果たしました。

火の利用は狩りの獲物を食べやすくするだけでなく、猛獣を退けるのにも威力を発揮したでしょう。南アフリカの洞窟で一〇〇万年前の人類が火を利用していた痕跡が発見され、世界遺産になっています。

このあと人類は原人、旧人を経て新人（現生人類）に進化し、四～五万年前にオーストラリア大陸に、また一～二万年前に南北アメリカ大陸に拡がりました。第Ⅱ章で紹介したように、地球に拡がった人類は洞窟壁画や岩絵をたくさん残しました。岩絵には狩りの対象になった動物が描かれていて、狩りの様子も描かれています。マンモスや巨大なアルマジロなどすでに絶滅した動物を見つけることができます。

人類の誕生から農耕の開始まで人類史の99・8パーセントは狩猟採集の時代であったことを確認しておきたいと思います。また、長い時間軸でみると、地球上の生物は絶滅する危険を背負っていることを教えてくれます。

【農耕の開始】

人類史上の第二の事件は農耕の開始です。西アジアのイランからシリア・トルコを経て地中海東岸にいたる「肥沃な三日月地帯」には、ムギの栽培がはじまったころの遺跡が点在しています。世界遺産に登録されたトルコのチャタル・ホユックの集落遺跡は、氷河時代が終わって人類が狩猟採集の時代から農耕牧畜の時代に入ったころの姿を教えてくれます。

農耕は世界各地ではじまりました。中国の長江流域で稲作がはじまり、メキシコではトウモロコシを栽培するようになりました。南米ペルーの高地ではじまったジャガイモの栽培は近世になってヨーロッパに伝えられ、寒冷な土地に住む人類の食生活を支えてきました。パプア・ニューギニアで発見されたイモ類の初期農耕遺跡は一万年前に遡るもので、世界遺産に登録されています。農耕がはじまった時期は場所によって前後しますが、大まかにいえば、氷河時代が終わって地球の自然環境が大きく変化した一万年前のころといえるでしょう。

なぜ農耕の開始が人類史上の第二の事件なのか。ひとことでいえば、人類の生活と社会の姿を一変させたからです。狩猟採集時代の人類は、少人数の集団が獲物を求めて移動する生活を続けていました。しかし、農耕は同じ場所に定住して作物を育てなければなりません。また農地や水路を確保するために、多くの人間が協力して作業しなければなりません。定住生活の開始によって、人類の生活と社会の姿は大きく変わりました。

どのように変わったのか。まず集落の形成です。狩猟採集の時代、洞窟などを棲み処として移動生活をしていた少人数の集団が農耕地の近くに集落を作り、定住生活をはじめました。農耕の規模が拡大するとともに集落の規模も大きくなっていきます。チャタル・ホユックの住居跡は日干しレンガで作られた部屋が蜂の巣のように密集した集合住宅で、この集落の人口は五〇〇〇人前後と推定されています。

人類の住まいは多様でした。日干しレンガの住居もあれば、石を積み漆喰を塗った住居もありました。さらにアルプス周辺の湖畔に建てられた杭上住居群のように、水上生活にあわせた住居もありました。農耕をはじめた人類はそれぞれの自然環境に合わせて住居と集落を形成したのです。人類の生活は多様であることを確認しておきたいと思います。

農耕の開始によって人びとの食生活も変わりました。狩猟採集時代の人類は、春の山菜、秋の木の実など四季折々の植物性食物を採集し、大小さまざまな獣や鳥の狩りをして生きていました。狩りに失敗して空腹になることもあったでしょうが、概して多種類の食物資源をバランスよく摂取していたといえます。

一方、農耕は単一または少種類の作物に労力を集中することによって、収穫を多くしようとします。収穫が多ければ、多くの人口を養えるようになり、集落の規模も拡大します。余った穀物は保存することができ、他の財物と交換することによって、きれいな貝殻や宝石を加工した装飾品も蓄積されることになりました。人類の社会に富が生まれました。

食生活と住生活の変化以上に、農耕の開始は人類の社会構造に重大な変化をもたらしました。狩猟採集の時代、狩りの統率者はいましたが、一定の地域を支配する政治的権力は存在しませんでした。しかし、農耕牧畜の時代になりますと、戦争が起こり、王という名の政治権力が生まれました。

農耕社会が進むと、集落の間で農地や灌漑用水の確保をめぐって争いが生まれ、収穫した食料を奪おうとする集団との間で武力衝突が起こります。戦争は組織された集団の間で行われる武力衝突です。戦争は農耕の時代になって生まれました。それから一万年。人類は絶え間なく戦争を繰り返してきました。縄文時代の一万年、日本列島に戦争がなかったことは人類史のうえで希有のことだといえるでしょう。

【古代都市文明の出現】

人類史上の第三の事件は古代都市文明が出現したことでしょう。第V章では都市文明の曙の時代を示す世界遺産として、イラク南部のウルやウルクの都市遺跡をはじめ、エジプトのピラミッド群や中国の殷墟を紹介しました。この三つの古代都市文明ではいずれも文字が使われていたことが明らかになっています。人類は文字がなかった先史時代から文字で人類の歩みが記録される歴史時代に入ったわけで、都市文明の出現は画期的な事件だといえるでしょう。

パキスタンにあるモヘンジョダロの都市遺構も世界遺産に登録されています。ここでもインダス文字が発見されていますが、これはまだ解読されていません。この四つの初期都市文明がチグリス・ユーフラテス川、ナイル川、黄河、インダス川という大河のほとりに生まれたことは言うまでもありません。いずれも大河の水を制御し、大規模の灌漑農耕に利用することによって成立しました。

これらの古代都市は神殿と宮殿を中心として周囲に城壁をめぐらしていました。蓄積した富をおさめ、異民族の略奪から守るためでした。都市のなかには祭祀に携わる人々をはじめ武器をとって戦う戦士たち、農作物や富を保管する書記たち、さらに金属器や革製品を作る商工業者などいろいろな階層の人々が居住していました。人類の社会に身分や職業による階層の分化が進んでいました。

階層の分化が進むと、社会の精神的な統合を強めることが求められます。そこで民族の由来を伝える物語が生まれ、その都市を守る守護神を祀る壮大な神殿が営まれました。シュメール人が残した『ギルガメシュ叙事詩』やヘブライ民族が残した『旧約聖書』はこうして生まれました。

新大陸で生まれたメソアメリカ文明の都市遺跡テオティワカンやアンデス文明のチャビン遺跡(ともに世界遺産)も高度な建築技術で作られた神殿や儀式の場が備えられています。時期は四大都市文明から遅れていますが、旧大陸とまったく交流がない時代に、このような宗教都市が新大陸に生まれたことは人類の精神文化を考えるうえで興味深いものがあります。

【精神文化の革命】

人類の精神文化といえば、紀元前八世紀から紀元前四世紀の間にギリシャ、インド、中国、そしてイスラエルで体系的な思想と宗教が相次いで生まれたことは、精神文化の革命ともいうべき人類史の第四の事件といえるでしょう。

まずギリシャでは、ホメロスの明るい神話世界にはじまり、ターレスやピタゴラスらの幾何学的思索を経てソクラテス、プラトン、アリストテレスにいたる偉大な思想家たちが輩出しました。ギリシャ人の合理的な思索は西洋文明に吸収され、近代の科学技術文明の基盤になっています。

インドでは、バラモン教の宗教体系を源流としてウパニシャッドの哲学が生まれ、反バラモン的な多彩な思想も輩出しました。そのなかから釈迦による仏教が現れ、全インドに拡がりました。仏教はインドから中国を経て日本まで伝えられ、「日本文明」を支える重要な柱になっています。

仏教の成立とほぼ同じころ、中国では孔子が現れ「論語など、四書五経を中心とした儒教は日本や韓国の精神文化に大きな影響を与えました。古代中国の戦国時代は多彩な思想が一斉に開花した時代で、老子や荘子の道家、商鞅《しょうおう》や韓非《かんぴ》の法家、孫子らの兵家などが入り乱れて活躍しました。

イスラエル人の思想的源流は言うまでもなく『旧約聖書』であり、その成立は紀元前一〇世紀に遡るとされています。その後、イスラエル人の王国は滅亡し、「バビロンの捕囚」という苦難の道を歩みました。ソクラテスや釈迦、孔子らが人類の精神文化に革命的な衝撃をもたらしたのと同じ時代に、イスラエルではイザヤ、ミカ、エレミアらの預言者が相次いで現れました。その系譜のなかから、イエス・キリストが現れ、やがてキリスト教がローマ帝国の国教になります。

なぜ、この時期に、地球上のあちこちで、人類の精神文化を一変させる変革者が相次いで出現したのでしょうか。変革者たちの思想、世界観を伝える古典が今日まで大きな影響を保ち続けている理由はなにか、あらためて考えなければならないと思います。

それにしても、現代の日本人はこれらの古典に親しむことが少なくなりました。かつての日本の指導者たちは青少年時代に孔子の論語やプラトンの対話篇を読み、聖書に親しんだり禅寺に参禅したりして、自分の精神的バックボーンを求めていました。それが指導者としての人間的魅力を与えていたように思います。このようなことを言うのも年老いたジャーナリストの繰り言でしょうか。

2　科学と技術の時代

【科学の発展】


人類の歩みを駆け足でたどって、人類史上の画期的な四つの事件をみてきました。

第五の事件に何をとりあげようかと迷った末、人類の宇宙観と生活を根底から変えてしまった科学と技術の発展に求めることにしました。象徴的な事件として、まずコペルニクスの地動説（1543）をとりあげたいと思います。

ポーランドの天文学者であったニコラウス・コペルニクスは、肉眼による天体観測と古代ギリシャの学術思想を研究することによって、地球を含む惑星が太陽を中心にして回転していると考え、「天球の回転について」という著作を残しました。それまでの定説は古代ギリシャで活躍したプトレマイオスの天動説で、その思想は千数百年にわたって権威を保っていました。

当時のキリスト教神学も「地球は宇宙の中心」と考えていましたから、天動説に異議を唱えることは異端審問の対象になりかねないことでした。聖職者でもあったコペルニクスは自らの著作を生前に発表することなく、地動説はコペルニクスの死後に発表されました。天動説から地動説への転換は人間の宇宙観を根底から覆すことですから、ドイツの哲学者カントはこうした根源的な観念の変化を〝コペルニクス的転回〟とよんでいます。

コペルニクスの地動説にはじまる一六世紀からの五〇〇年間に、人類はさまざまな分野の科学を発展させました。天文学や物理学で、その発展の系譜をたどってみましょう。イタリアのガリレオ・ガリレイは望遠鏡を作って天体観測を行い、木星の衛星や太陽の黒点を発見しました。

同時代に活躍したドイツの天文学者ヨハネス・ケプラーは惑星の楕円運動に関する法則を発表（1609）し、「太陽と惑星の間に磁力のような力が存在する」と述べました。このアイディアはのちにイギリスのアイザック・ニュートンによる「万有引力の原理」（1687）に引き継がれ、古典的な力学が確立しました。

これら一連の業績は一七世紀の「科学革命」とよばれています。天文学の発展を支えたのは望遠鏡による天体観測ですが、顕微鏡は微細な生物の観察を可能にし、生物学や医学の飛躍的な発展をもたらしました。

顕微鏡はオランダの眼鏡職人ヤンセン父子が考案（1590）しました。当初は〝覗き眼鏡〟のような玩具でしたが、改良が進むと、科学的な観察に利用されるようになりました。一七世紀の後半には、オランダの商人で顕微鏡による観察に取り組んでいたレーウェンフックによって、血液中の赤血球や淡水に生息するバクテリアなどの存在が明らかになりました。

より遠くを見てみたい。目に見えない世界をのぞきたい。こうした人類の探求心によって、電波望遠鏡による宇宙観察や電子顕微鏡による遺伝子構造の解析などが今も続いています。アポロ11号によって、人類が月面に着陸（1969）したことは「科学の時代」の象徴的事件でした。それは人類の宇宙観、世界観、人間観を大きく変えたといえるでしょう。

【産業の技術革新】

一六世紀以降の人類の歩みを特徴づけるもう一つの流れは、産業分野で技術革新が急速に進行したことでした。その象徴として、製鉄業と石炭産業の発展の歴史をとりあげてみます。

一八世の初め、イギリスの製鉄業者であったエイブラハム・ダービーは石炭を蒸し焼きすることで硫黄分を取り除き、製鉄に適したコークスを製造することに成功(1713)しました。このコークスによる鉄鉱石の溶融法は良質の鋼鉄を製造する基礎技術になり、のちに開発された高炉製鉄が普及して、製鉄業はイギリス産業の主役になりました。

一方、イギリスの石炭産業では、坑内で湧出する地下水をくみ上げる排水ポンプの能力が低いことが障碍になっていました。これを解決したのがジェームス・ワットです。ワットは復水器を分離した蒸気機関を開発(1765)し、その技術を使った排水ポンプを導入することで石炭の産出量は飛躍的に増えました。

さらに蒸気機関の動力をピストン運動から円運動に転換する技術が開発され、蒸気機関はさまざまな機械に応用されました。それまでは水車で機械を動かしていましたから、工場の多くは川沿いに建設されましたが、石炭を動力源とした工場は都市の近郊にも建設されるようになりました。

やがて蒸気機関を輸送手段に利用する試みが行われ、世界は大きく変貌することになります。最も早く実用化されたのは蒸気船で、一九世紀の初頭、アメリカのロバート・フルトンによって、河川を航行する外輪船が作られました。一方、イギリスのジョージ・スティーブンソンによって蒸気機関車の試運転が行われ、これを実用化した最初の鉄道がイギリスで開通（1825）しました。この蒸気機関車は時速48キロで走行したといいます。人類は新しい時間の観念を手にしました。

こうしてはじまった鉱工業の興隆はイギリスの経済、社会、政治の構造を一変させました。工場労働者が集中して働く工業都市が出現し、労働力や原料を供給する海外の植民地が生まれました。産業資本家が参入する新しい政治体制が生まれたことも大きな変化でした。イギリスの歴史学者アーノルド・トインビーはこれを「産業革命」とよんでいます。

【産業革命がもたらした戦争の時代】

イギリスを後から追いかける形で、産業革命はベルギー、フランス、アメリカ、ドイツ、ロシアに波及しました。あとから参入した各国は原料の確保と製品の輸出市場を求めて、植民地の獲得に乗り出しました。一九世紀は植民地をめぐる列強の争いが絶え間なく続く戦争の時代でした。

イギリスの覇権を支えていたのはイギリスの強大な海軍力でした。アヘン戦争はアヘンをもちこんで銀貨を稼いでいるイギリス商人を中国の清王朝が排除しようとしてはじまりました。イギリスの強大な海軍力の前に清国はあっけなく敗れ、それから一〇〇年間、香港はイギリスの租借地となりました。一八〇年経った現在、香港をめぐって中国とアメリカがにらみ合っています。

二〇世紀に入ると、人類は地球規模の戦争を二回も経験しました。第一次世界大戦と第二次世界大戦です。いずれも、それまでの覇権国家とその国際秩序に挑戦する新興国の戦争とみることができるでしょう。今、二〇世紀の覇権国家アメリカと挑戦する新興国中国の間で新しい形の覇権争いがはじまっています。

二〇世紀の二つの世界戦争を契機に、新しい軍事技術が次々に登場しました。第一次世界大戦では戦車、毒ガス、無線通信、戦闘機、潜水艦などが戦場の主役になりました。第二次世界大戦では長距離爆撃機、ロケット砲などに続いて原子爆弾が登場し、コンピューターも軍事技術のひとつとして開発されました。コンピューターは二〇世紀の後半に急速に発展し、二一世紀に入った今、新しい技術社会が出現しています。

3 岐路に立つ人類

一八世紀から二〇世紀にいたるこの三〇〇年間に、人類は何を目指してきたか。ひとことで片付けますと、より豊かで、より快適な生活を求めて、経済を発展させてきました。これをうけて資本主義の経済はより便利で、より価格の安い商品を提供することにより、人類の欲求を充たしてきました。

いうまでもなく、資本主義経済は投資に見合う利潤をあげなければなりません。投資効率を上げるためには、規格のそろった商品を大量に生産し、大量に消費してもらうことが有効です。こうして大量生産、大量消費の時代が到来しました。家電産業や自動車産業が象徴するように、資本主義経済は確かに人類の生活をより豊かに、より快適にしました。

また大型タンカーや大型ジェット旅客機が象徴するように、より大量の物資が地球規模で運ばれ、人間もより遠くまで、より速く移動することが可能になりました。その結果、地球上の時間距離は短縮し、地球は意識のうえでも狭くなりました。しかし今、人類は岐路に立っているように思われます。次のグラフは国連の人口基金が作成したものです。人類の誕生から二〇五〇年までの世界人口の推移（推定値）を描いています。

　このグラフによりますと、世界の人口は産業革命がはじまったあと、急速に増大し、一九五〇年に二五億人になりました。その後、一九八六年に五十億人、一九九八年に六〇億人、二〇一一年には七〇億人に

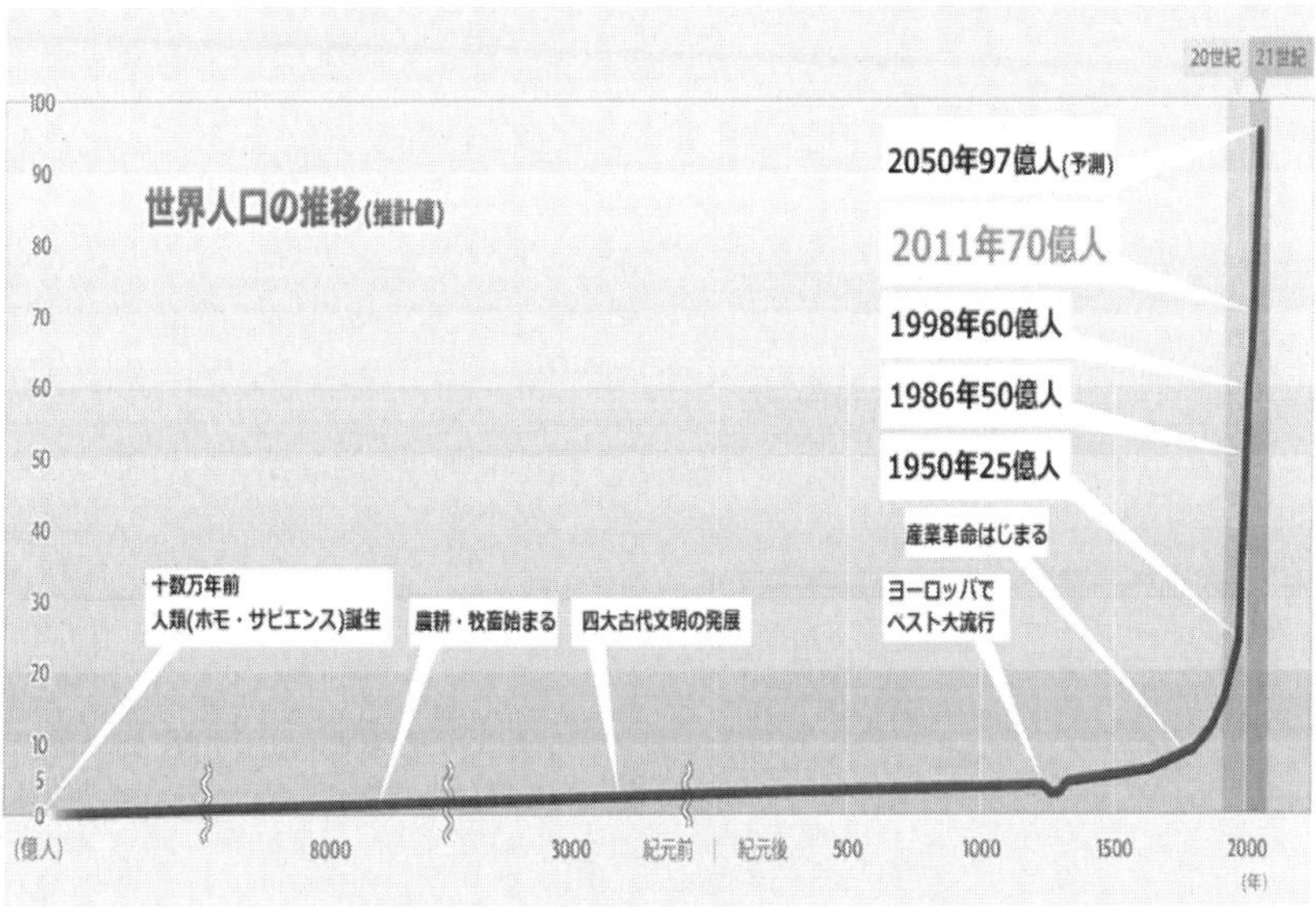

出典：国連人口基金東京事務所ホームページ

達しました。このままいくと、二〇五〇年に世界の人口は九七億人。一〇〇億人に迫ると推計しています。

人類の誕生から現代まで時間軸を長くとって、世界人口の推移をみますと、産業革命から三〇〇年の人類社会がいかに異常な時代であるかがわかります。このような上昇カーブがいつまでも続くはずはありません。このグラフを見ていて、人類はこれからどこに向かうのか、破滅への道を歩むのではないかと恐怖心を覚えます。

グラフのなかに、ヨーロッパでペストが大流行したとき、世界人口が減少したことを示すへこみが描かれています。一四世紀中ごろ、イタリアに上陸したペスト菌は瞬く間にヨーロッパに拡がり、二〜三〇〇〇万人が死亡しました。黒死病と恐れられたこの疫病はユーラシア大陸の東西を結ぶ交易の広域化が遠因といわれ、ヨーロッパの社会を支えていた農村人口が甚だしく減少しました。農村の荒廃は農民が貴族を支えるという中世の社会構造に変化をもたらしました。また、黒死病の流行に無力なカトリック教会の姿があからさまになり、宗教改革の背景になりました。

疫病の流行が文明の滅亡をもたらした例はほかにもあります。コロンブスの遠征後、旧大陸からもちこまれた病原体によって新世界の先住民たちが激減し、メソアメリカ文明やアンデス文明は滅亡しました。旧大陸からもちこまれた病原体はコレラ、マラリア、麻疹、ペスト、天然痘などで、免疫をもたなかった先住民の人口は一気に激減しました。

また、オーストラリアの先住民アボリジニの人口は三〇万人から一〇〇万人あったと推定されていますが、入植者がもちこんだ病原体によってアボリジニの人口は絶滅寸前まで減少しました。疫病の流行が人類の社会に重大な影響を与え、文明の衰亡を招いてきたことを教えてくれます。

この本の執筆をはじめた二〇一九年の暮れのころ、中国の武漢市で新型コロナウイルスの感染症が発生したというニュースが流れてきました。それから一年半が過ぎた二〇二一年の七月末、世界の感染者数は二億人に迫り、死者は四二〇万人を超えています。

この間、世界各国の主要な都市ではロックダウン（都市封鎖、移動制限）が実施され、グローバルな人や物の移動が厳しく制限されました。コロナ禍の打撃はとくに中小、零細の企業を直撃し、こうした業種で働く人々の失業が増えています。その一方で、テレワークやデジタル化が推進され、情報技術関連の産業は大幅に業績を伸ばしています。またコロナ禍による景気後退を防ぐため、異例の金融緩和が継続されており、有り余った資金が金融市場に流れて株高が続いています。

このようなコロナ・パンデミックはいずれ収束するでしょう。おそらく、新型コロナウィルスは変異して毒性を弱め、人類と共生していくでしょう。感染症の専門家はそう考えています。しかし、コロナ・パンデミックの社会的な衝撃はやはり大きく、人類の社会が変わるきっかけになる可能性があると、私は考えています。

コロナ・パンデミックが収束したあとの時代、人類はどこに向かうのか。極端な選択肢を二つ考えてみました。一つは、産業革命以来の資本主義経済を維持し、大量生産大量消費の社会システムを維持していく方向です。もう一つは、競争原理と技術万能の価値観をあらため、持続可能な社会を作ろうとする方向です。

前者を選択した場合、人類の社会はどうなっていくか、私の予測を述べてみましょう。まず、デジタル技術を中心にした先端技術の開発、導入が先進国を中心に加速されるでしょう。先端技術のなかには、あらゆる領域における人口知能や遺伝子組み換え技術の利用が含まれます。すでに人工知能を使った各種ロボットが実用化されており、今後、加速するでしょう。

コロナ・ワクチンは遺伝子組み換えの技術を応用したものであり、極端なことを言えば、医療開発を名目にクローン人間が出現するかもしれません。世界の人口が増え続けて食糧危機が発生した場合、食料危機の回避を名目に遺伝子を組み替えて、より生産効率のよい穀物や家畜が大量に提供されるかもしれません。野放しの資本主義経済はこの選択をいとわないでしょう。

二一世紀に入って、情報通信技術が急速に普及し、社会生活は大きく変化しました。デジタル化された情報は、個人情報を含めて、大量に蓄積されています。このビッグ・データの管理をめぐって、今、アメリカと中国が火花を散らしています。資本主義経済のもとでは、ビッグ・データは富の源泉であり、この争いは地球規模で続くでしょう。

情報社会で特徴的なことは富裕層と貧困層の格差が広がることです。国際NGOオックスファムの報告によりますと、個人資産が一〇億ドル以上の長者（ビリオネア）は、二〇一八年に全世界で二二〇八人であり、合計した資産総額は九兆六〇〇億ドルに達しました。このときの世界の総人口は七六億人。貧しい方の半分（ボトム・ハーフ）の総資産はビリオネアの上位二六人の資産合計と同じだといいます。三八億人の資産とわずか二六人の資産が同じとは！　貧富の格差がこれほどまで広がっていることに驚きました。

二〇〇九年の金融危機の直後、世界のビリオネアは七九三人で、その資産総額は二兆八三三〇億ドルでした。この一〇年間に貧富の格差は急激に拡大したことがわかります。これをもたらしたものは情報通信関連のグローバル企業が独占的に発展したこと、富裕層への優遇税制や悪質な租税回避が行われたこと、貧困層の間で競争が激しくなったことなどがあげられるでしょう。

富める者はますます富み、貧しき者はますます貧困に苦しむ。これは情報社会の本質です。この状況が続く限り、人類の社会は不安定になっていくのではないかと思います。今後、気象変動によって、さらに大規模の民族移動が起こるかもしれない。いいえ、貧しい地域から豊かな地域への難民の群れがすでに大きな問題になっています。そのとき、人類の社会は大きな戦争に巻き込まれ、核戦争による文明崩壊の危機に直面するのではないかと、私は危惧しています。

人類はどこに向かうのか。第二の選択肢として、競争原理と技術万能の価値観をあらため、持続可能な社会を作ろうとする方向があるといいました。持続可能な社会といいますと、二〇一五年九月の国連サミットで採択された Sustainable Development Goals という言葉が思い浮かびます。日本では「持続可能な開発目標」と訳され、頭文字をとって SDGs という文字も目につくようになりました。

これは国際社会全体で二〇三〇年までに、持続可能（Sustainable）な社会を実現するために、国際社会全体で取り組むべき一七の開発目標（Development Goals）を定めたものです。「貧困をなくそう」「飢餓をゼロに」「エネルギーをみんなに、そしてクリーンに」「人や国の不平等をなくそう」「気候変動に具体的な対策を」「陸の豊かさを守ろう」など、国連サミットで採択された目標は、いずれも人類の誰もが幸せに生きるために欠かせない事柄で、これに反対する人はいないでしょう。

しかし、「貧困や飢餓をなくそう」という目標の裏側には、先ほど示したように、深刻な貧富の格差があり、八億人が慢性的な栄養不良に陥っている現実があります。「エネルギーをみんなに、そしてクリーンに」の裏側には、いまだに五人に一人が電力を利用できない境遇にある一方で、化石燃料に依存する経済活動の拡大とともに温室効果ガスの排出量が増大している現実があります。「陸の豊かさを守ろう」の裏側には、干ばつや砂漠化の進行とともに一二〇〇万ヘクタールの農地が失われ、貧困層のコミュニティーに深刻な影響をもたらしている現実もあります。

その厳しい現実をのりこえて、持続可能な社会を実現することは極めて困難な事業です。国連がいくら旗を振っても、すべての国の、すべての人々が心から賛同して参加しなければ達成できないでしょう。例えば、温室効果ガスの削減目標を達成しようと、各国に車の保有台数を削減する目標を提示したとします。これから車社会を迎えようとする国は「まず先進国で達成せよ」と反発するでしょう。先進国のなかでも、過疎地域の人々は「複数の車がなければ暮らせない、都会の人から実行せよ」と反対の声をあげるでしょう。自動車業界も簡単には合意できないでしょう。私は「持続可能な社会」を実現するためには、産業革命以降、人類が疑問を感じないまま保ち続けてきた生活のスタイル、その根源にある価値観に目を向ける必要があると感じています。

4　縄文時代からのメッセージ

先進国を中心に少子高齢化が進行し、世界人口の急激な増加には歯止めがかかりはじめています。しかし、サハラ以南のアフリカや南アジアなどの貧困地帯では今後も人口の増加が進み、二二世紀には世界人口は一〇〇億人に達すると予測されています。今後、いろいろな対策が取られたとしても、貧困地帯での食糧難や医療の貧困などはなかなか解消せず、地球全体の環境破壊も進行するでしょう。

国連サミットでSDGsが全会一致で採択されたことはこうした危機意識を世界が

共有した結果といえるでしょう。この状況のなかで縄文遺跡群が世界遺産に登録されることになりました。これは岐路に立つ人類に「人間の生き方を変えてみたら」という縄文時代からのメッセージが届けられたのではないかと思います。

縄文時代の日本列島に暮らした人々、縄文人は自然の再生力を生かして、自然の恵みを巧みに利用していました。春、野の若草を摘み、海辺で貝を拾いました。夏、海に乗り出し、魚や海獣類の漁をしました。秋、クリなどの木の実を集め、遡上するサケを獲りました。冬、雪の積もった森で狩りをして過ごしました。乱獲はしませんでしたから、再生力が働いて自然は翌年も食料を用意してくれました。

自然と共生する、このような循環型の生き方は二〇世紀の中ごろまで、日本列島の農山村で続けられていました。秋田県の山間部で暮らすマタギの末裔にあたる男性は縄文人の暮らし方を知って「自分たちと同じだ」と歓声をあげました。日本人の暮らし方が変わったのは二〇世紀の後半、高度経済成長によって大都市への人口集中が進んだ頃からです。

大都市の生活では衣食住のすべてについて、すでに加工されたものを消費するようになります。鮮魚を例にとりますと、「切り身の魚しか食べていない」と笑った男性もいます。魚が生命《いのち》をもっているという感覚は失われ、鮮魚は値札のついた商品とみるようになります。縄文人は狩りの獲物はすべて生命《いのち》があり、神からの賜り物だという観念をもっていました。現代の都会人は反省を迫られているように思います。

産業革命以来の人類は、自然に手を加え、人間の生活をより豊かに、より快適にすることは当然と考えてきました。石灰岩の山を崩してセメントを作り、コンクリートの建造物で自然の景観は変わりました。石炭や石油を大量に採掘して消費し、大気汚染がすすむことに気づきませんでした。干潟を埋め立て、沿岸に都市と工場を林立させました。人間は万物の頂点にあり、自然は人間に奉仕する存在と考えたからできたことでした。縄文人は自然への畏敬の心をもっていました。現代人は自然への畏敬を忘れてはいないでしょうか。

人類は農耕をはじめてから一万年、戦争を繰り返してきました。とくに産業革命以後は海外の資源や労働力―奴隷―を求めて植民地戦争が続きました。その戦争は多くの軍事技術を開発し、軍事技術は経済活動に転用されました。縄文時代は一万年にわたって戦争がありませんでした。それは何故か。大陸から隔離された地理的条件にあったことは確実です。

これに加え、私は縄文時代の日本列島が分散型の社会であったことを理由の一つに挙げたいと思います。縄文時代の集落は見晴らしがよくて水利の良い台地に作られました。集落の規模はせいぜい数百人が暮らす程度で、その生活圏は数十キロ程度の間隔を保っていました。しかし、集落間で物資や情報の流通はしっかりと行われ、日本列島はネットワークでつながっていました。

このような分散型社会は人口が密集した社会にくらべてストレスが少なく、集落同士の争いも起こりにくかったのではないかと思います。江戸時代の日本は幕藩体制のもとに三百諸侯の藩が独立し、それぞれ個性的な文化を育みました。分散型社会の良さが発揮されたのかもしれません。岐路に立つ人類は今までの人間の生き方を見直し、「集中より分散」へ向かうべきではないかと考えています。

あえてつけ加えれば、産業革命以降の近現代社会は技術万能の思考のもとに、大量生産、大量消費の社会システムを築いてきました。その社会システムを動かすものは「競争に勝ってなんぼ」の競争原理でした。今こそ「競争」から「共生」へ、価値観の〝コペルニクス的転回〟が求められています。

最後に、『新しい世界 ―世界の賢人十六人が語る未来―』（講談社現代新書）を読んで、心に留まったいくつかの発言を紹介しておきましょう。

・我々は歴史の渦に入った。通常の歴史の法則は中断され、数週間で、ありえないことがあたりまえになった（イスラエル、ユヴァル・ノア・ハラリ）

・今後、私たちは世界経済の新しいモデルをみることになる。それはグローバリゼーションとは異なるものになるだろう（ドイツ、マルクス・ガブリエル）

・新しい価値観が育つはず。全力疾走の連続のような生活が終り、社会がもっとゆっくりしたものになるのがいい（フランス、ボリス・シリュルニク）

・もしかすると、経済成長を無限に続けられると考えるのをあきらめ、質素に暮らすことを受け入れ、それに合わせて経済の仕組みを変えていく方が賢明な解決策かもしれない（チュニジア、ダニエル・コーエン）

・現代社会で生きる我ら人間は、科学とテクノロジーで自然をコントロールできると思っている。…しかし、それはまったく違う。私たちは謙虚にならなければならない（スイス、アラン・ド・ボトン）

いずれの発言も現代文明の根底にある問題に眼を向け、長期的にみれば人類全体の生活様式が変わる可能性を指摘しています。ひょっとすると、便利さ、快適さを求め、経済的な豊かさをひたすら追求してきた現代社会の終りの始まりかもしれません。人類は根源的な価値観の〝コペルニクス的転回〟を迫られているというべきでしょう。

（二〇二一・七・八）

35	トゥウェイフルフォンテーンの岩刻画群	ナミビア
36	チョンゴニの岩絵地域	マラウィ
37	コンドアの岩絵遺跡群	タンザニア
38	カカドゥ国立公園★	オーストラリア
39	ウィランドラ湖群地域★	オーストラリア
40	タスマニア原生地域★	オーストラリア
41	ウルルーカタ・ジュタ国立公園★	オーストラリア
42	チャタルホユックの新石器時代遺跡	トルコ
43	キロキティアの住居遺跡	キプロス
44	良渚古城遺跡	中華人民共和国
45	オアハカの中央渓谷にある先史時代洞窟群	メキシコ
46	聖都 カラルースーペ	ペルー
47	クックの初期農耕遺跡	パプア・ニューギニア
48	サムール-デルタ	セネガル
49	ヘッド・スマッシュド・イン・バッファロー ・ジャンプ	カナダ
50	アルプス山系の杭上住居跡群	スイス,オーストリア他
51	メイマンドの文化的景観	イラン
52	シャフリ・ソフタ	イラン
53	サラズムの原始の都市遺跡	タジキスタン
54	ギョベクリ・テペの住居遺跡	トルコ
55	マルタの巨石神殿群	マルタ
56	ハル・サフリエニ地下墳墓	マルタ
57	アンテケラのドルメン遺跡	スペイン
58	ボイン渓谷の遺跡群 (ブルー・ナ・ボーニャ考古学遺跡)	アイルランド
59	新石器時代の遺跡の宝庫—オークニー諸島	イギリス
60	ストーンヘンジとエーヴベリーと関連する遺跡群	イギリス
61	イラク南部のアフワール：生物多様性の安全地帯と メソポタミア都市群の残存景観★	イラク
62	聖書ゆかりの遺跡の丘—メギド,ハツォール, ベールシェバ	イスラエル
63	アブ・シンベルからフィラエまでのヌビア遺跡群	エジプト
64	メンフィスとその墓地遺跡—ギザから ダハシュールまでのピラミッド地帯	エジプト
65	殷墟	中華人民共和国

先史時代の世界遺産リスト　★印は複合遺産

No	世界遺産の名称	国名
1	アワッシュ川下流域	エチオピア
2	オモ川下流域	エチオピア
3	ンゴロンゴロ保全地域★	タンザニア
4	南アフリカの人類化石遺跡群	南アフリカ
5	レンゴン渓谷の考古遺跡	マレーシア
6	サンギラン初期人類遺跡	インドネシア
7	周口店の北京原人遺跡	中華人民共和国
8	アタプエルカの考古学遺跡	スペイン
9	ゴーハムの洞窟遺跡群	英国領ジブラルタル
10	カルメル山の人類進化の洞窟遺跡群	イスラエル
11	シュヴァーベンジュラにある洞窟群と氷河期芸術	ドイツ
12	ポン・ダルクの装飾洞窟	フランス
13	ヴェゼール渓谷の先史時代の遺跡群と洞窟壁画群	フランス
14	アルタミラ洞窟とスペイン北部の旧石器時代の洞窟芸術	スペイン
15	コア渓谷とシエガ・ヴェルデの先史時代の岩絵群	ポルトガルとスペイン
16	イベリア半島の地中海沿岸の岩絵群	スペイン
17	ヴァルカモニカの岩絵群	イタリア
18	タドラット・アカクスの岩絵遺跡群	リビア
19	タッシリ・ナジェール★	アルジェリア
20	ハーイル地方の岩絵	サウジアラビア
21	ビムベトカの岩窟群	インド
22	アルタイ山脈の岩壁画群	モンゴル
23	タムガリの考古学的景観とペトログラフ	カザフスタン
24	コブスタンの岩石画の文化的景観	アゼルバイジャン
25	アルタの岩絵群	ノルウェー
26	ターヌムの岩石刻画	スウェーデン
27	アイシナビの岩刻画群	カナダ
28	サンフランシスコ山地の岩絵群	メキシコ
29	チリビケテ国立公園“ジャガーのマロカ”★	コロンビア
30	リオ・アビセオ国立公園★	ペルー
31	ピントゥーラス川のラス・マーノス洞窟	アルゼンチン
32	カピバラ山地国立公園	ブラジル
33	ツォディロの岩絵群	ボツワナ
34	マトボの丘の岩絵群	ジンバブエ

書籍名 発行日 販売価格	内容紹介
瀧本龍水著『瀧本龍水初俳句　集こまちをちこち』2020 年 5 月	著者がこの 10 年間に書き溜めた俳句を「宙」「こまちをちこち」[EROS」「感」「旅」というテーマごとにまとめたものである。テーマごとに写真や作品への想いがつけられている。別冊で全作品の一覧も添付されている。
エコハ出版編『山菜王国―山菜・薬草で地域おこし』2021 年 3 月	山菜を普及させるため山菜王国がこれまでやってきた活動と今後の方針を映像を中心に紹介したもので全カラーのハンディなものとして仕上げている。山菜や薬草の知識も満載している。

エコハ出版は、現在地域や社会で起っている様々な問題に対して新しい視点から問題提起するとともに、各地での取り組み先進的事例を紹介し、実践活動に役立てていただきたいということで設立された。出版方式としてはとしては、少部数オンディマンド方式を採用した。

今後も速いスピードで出版を続けていく予定である。

（電話・FAX）0467-24-2738　　（携帯電話）090-2547－5083

書籍名　発行日　販売価格	内容紹介
[コミュニティブックス]『コミュニティ手帳』2015 年 9 月	人と人をつなぎ都市でも地域でもコミュニティを復活することが求められている。昔からあったムラから学び、都市の中でも新しいコミュニティをつくっていくための理論と実践の書である。
[地域活性化シリーズ]『丹波山通行ッ手形』2016 年 5 月	２０００m級の山々に囲まれ、東京都の水源ともなっている丹波山は山菜の宝庫でもある。本書では丹波山の観光としての魅力を紹介するとともに、山菜を軸とした地域活性化の具体的方策を提言している。
[農と食の王国シリーズ]『そば＆まちづくり」2016 年 11 月	日本独自の食文化であるそばについて、その歴史、風土魅力、料理の作り方楽しみ方などを総合的に見たうえで今後に世界食としての展望を行っている。
[理論と実践シリーズ]『新しい港町文化とまちづくり』2017 年9月	北海道の釧路・小樽・函館をモデルに江戸時代の北前船を源流とする港町文化を見直し、今後のまちづくりとつなげていくという提言の書である。
[農と食の王国シリーズ]『海藻王国』2018 年 1 月	海の幸「海藻」はふるじゅじゃらの日本独自の食文化を形成してきた。海藻は美容や健康に大きな効果があり、日本の豊かな食生活を支えている。地域の産業としても、これからの国際的展開という面からも海藻を見直すべきだと論じている。
[理論と実践シリーズ]『ソーシャルエコノミーの構図』2018 年 3 月	今、日本で起こっている様々な社会的な問題を解決するにあたって、これまでの市場の論理や資本の論理ではない「第 3 の道」としてソーシャルエコノミーの考えじゃたが必要なことを論じ、その実践的な事例を紹介する。
[日本文化シリーズ]土谷精作著『縄文の世界はおもしろい』2018 年 9 月	日本文化の源流ともいえる縄文の世界は 1 万年も続いた。自然と共生し、戦争もない社会は現代文明のアンチテーゼとして見直されている。その生活や精神性を縄文遺跡群や土偶を紹介しながらその全体像をとらえる。
[地域活性化シリーズ]『津津軽峡物語』2019 年 6 月	津軽海峡は世界有数の海峡であり、自然、歴史、文化の面で魅力にとんでいる。これを挟んだ北海道道南と北東北は歴史的にはふかいつながりがあるので、これを津軽海峡圏にしようとの動きがある。これを現実的なものとするには両地域の共通の瀬心的アイデンテティや経済的つながりが必要な歩とを検証した。
[地域活性化シリーズ]『秋田内陸線エコミュージアム』2019 年 9 月	秋田のローカル線を活性化するにあたって、沿線の豊かな「木と森の文化」を復活させ,「マタギ」や「縄文」の文化に目をむけ、これをエコミュージアムとして展開することを提言している。
[地域活性化シリーズ]炭焼三太郎・鈴木克也著『椿王国』2019 年8月	伊豆大島の椿は長い歴史を持ち島民にも愛着を持っているが、これを国際的な視点から見直し、「里山エコトピア」とって総合的に組み立てる構想を提言している。

書籍名 発行日 販売価格	内容紹介
堀内伸介・片岡貞治著『アフリカの姿 過去・現在・未来』2012年12月 2000円	アフリカの姿を自然、歴史、社会の多様性を背景にしてトータルで論じている。数十年にわたってアフリカの仕事に関わってきた著者達が社会の根底に流れる、パトロネジシステムや政治経済のガバナンスの問題と関わらせながらアフリカの過去・現在・未来を考察している。
[アクティブ・エイジングシリーズ]『はたらく』2013年7月 2000円	高齢になっても体力・気力・知力が続く限りはたらき続けたい。生活のためにやむなく働くだけでなく自分が本当にやりたいことをやりたい方法でやればいい。特に社会やコミュニティ、ふるさとに役立つことができれば本人の生きがいにとっても家族にとっても、社会にとっても意味がある。事例を紹介しつつそれを促進する条件を考える。
風間 誠著『販路開拓活動の理論と実践』2013年11月 1600円	企業や社会組織の販路開拓業務を外部の専門家にアウトソーシングするにあたって、その戦略的意義と手法について、著者の 10 年にわたる経験を元に解説している。
[アクティブ・エイジングシリーズ]『シニア起業家の挑戦』2014年3月 2000円	高齢になってもアクティブにはたらき続けるために『シニア起業家』の道も選択肢である。資金や体力の制約もあるが、長い人生の中で培われた経験・ノウハウネットワークを活かして自分にしかできないやりがいのある仕事をつくり上げたい。
[地域活性化シリーズ]『地域のおける国際化』2014年8月	函館の開港は喜んで異文化を受け入れることによって、地域の国際化におおきな役割を果たした。その歴史が現在でも息づいており、今後の年のあり方にも大きな影響を与えている。これをモデルに地域国際化のあり方を展望する。
コンピュータウイルスを無力化するプログラム革命[LYEE]2014年11月	プログラムを従来の論理結合型からデータ結合型に変えることによってプログラムの抱えている様々な問題を克服できる。プログラムの方法を LYEE の方式に変えることにより、今起こっているウイルスの問題を根本的に解決できる。
[農と食の王国シリーズ]『柿の王国～信州・市田の干し柿のふるさと』2015年1月	市田の干し柿は恵まれた自然風土の中で育ち、日本の柿の代表的な地域ブランドになっている。これを柿の王国ブランドとして新たな情報発信をしていくことが求められている。
[農と食の王国シリーズ]『山菜の王国』2015年3月	山菜は日本独特の四季の女木身を持った食文化である。天然で多品種少量の産であるため一般の流通ルートに乗りにくいがこれを軸に地方と都会の新しいつながりをつくっていこうとの思いから刊行された。

エコハ出版の本

書籍名　発行日　販売価格	内容紹介
『環境ビジネスの新展開』 2010年6月　2000円	日本における環境問題を解決するためには市民の環境意識の高揚が前提であるが、これをビジネスとしてとらえ、継続的に展開していく仕組みづくりかが重要なことを問題提起し、その先進事例を紹介しながら、課題を探っている。
『地域活性化の理論と実践』 2010年10月　2000円	最近地域が抱えている問題が表面化しているが、地方文化の多様性こそが日本の宝である。今後地域の活性化のためは､「地域マーケティング」の考え方を取り入れ、市民が主体となり、地域ベンチャー、地域産業、地域のクリエイターが一体となって地域資源を再発見し、地域の個性と独自性を追求すべきだと提唱している
『観光マーケティングの理論と実践』 2011年2月　2000円	観光は日本全体にとっても地域にとっても戦略的なテーマである。これまでは観光関連の旅行業、宿泊業、交通業、飲食業などがバラバラなサービスを提供してきたがこれからは「観光マーケティング」の考え方を導入すべきだと論じている。
『ソーシャルベンチャーの理論と実践』2011年6月　2000円	今、日本で起こっている様々な社会的な問題を解決するにあたって、これまでの利益追求だけのシステムだけでなく、ボランティア、NPO法人、コミュニティビジネスを含む「ソーシャルベンチャー」の役割が大きくなっている。それらを持続的で効果のあるものとするための様々な事例について事例研究している。
『アクティブ･エイジング～地域で活躍する元気な高齢者』2012年3月2000円	高齢者のもつ暗いイメージを払拭し、高齢者が明るく元気に活躍する社会を構築したい。そのための条件をさぐるため函館地域で元気に活躍されている10人の紹介をしている。今後団塊の世代が高齢者の仲間入りをしてくる中で高齢者が活躍できる条件を真剣に考える必要がある。
山﨑文雄著『競争から共生へ』 2012年8月　2000円	半世紀にわたって生きものに向きあってきた著者が、生きものの不思議、相互依存し、助けあいながら生きる「共生」の姿に感動し、人間や社会のあり方もこれまでの競争一辺倒から「共生」に転換すべきだと論じている。
『ソーシャルビジネスの新潮流』 2012年10月　2000円	社会問題解決の切り札としてソーシャルビジネスへの期待が高まっているが、それを本格化するためにはマネジメントの原点を抑えることとそれらを支える周辺の環境条件が重要なことを先進事例を紹介しながら考察する。

先史時代物語　―世界遺産をたどって―

2021年 8月31日　　初版発行

著者　　土谷 精作

発行所　エコハ出版
〒248-0003 神奈川県鎌倉市浄明寺4-18-11
TEL 0467 (24) 2738
FAX 0467 (24) 2738

印刷所　株式会社　三恵社
〒462-0056 愛知県名古屋市北区中丸町2-24-1
TEL 052 (915) 5211
FAX 052 (915) 5019
URL http://www.sankeisha.com